reinhardt

Gino Casale • Christian Huber •
Thomas Hennemann • Michael Grosche

Direkte Verhaltensbeurteilung in der Schule

Eine Einführung für die Praxis

Mit 17 Abbildungen und 3 Tabellen

Ernst Reinhardt Verlag München

Vertr.-Prof. Dr. *Gino Casale*, Methodik und Didaktik in den Förderschwerpunkten Lernen und emotional-soziale Entwicklung, Bergische Univ. Wuppertal.

Prof. Dr. *Christian Huber*, Rehabilitationswissenschaften mit dem Förderschwerpunkt emotional-soziale Entwicklung, Bergische Univ. Wuppertal.

Prof. Dr. *Thomas Hennemann*, Erziehungshilfe und sozial-emotionale Entwicklungsförderung, Univ. zu Köln.

Prof. Dr. *Michael Grosche*, Rehabilitationswissenschaften mit dem Förderschwerpunkt Lernen, Bergische Univ. Wuppertal.

Außerdem im Ernst Reinhardt Verlag erschienen:

Hillenbrand, C., Hennemann, T., Hens, S., Hövel, D.: „Lubo aus dem All!“ – 1. und 2. Klasse. Programm zur Förderung sozial-emotionaler Kompetenzen (4. Aufl. 2018, ISBN 978-3-497-02828-3); Arbeitsheft (6. Aufl. 2018, ISBN 978-3-497-02785-9)

Hillenbrand, C., Hennemann, T., Schell, A.: „Lubo aus dem All!“ – Vorschulalter. Programm zur Förderung sozial-emotionaler Kompetenzen (2. Aufl. 2016, ISBN 978-3-497-02655-5)

Bibliografische Information der Deutschen Nationalbibliothek

Die Deutsche Nationalbibliothek verzeichnet diese Publikation in der Deutschen Nationalbibliografie; detaillierte bibliografische Daten sind im Internet über <http://dnb.d-nb.de> abrufbar.

ISBN 978-3-497-02806-1 (Print)
ISBN 978-3-497-61244-4 (PDF-E-Book)
ISBN 978-3-497-61245-1 (E-PUB)

Printed in EU
Cover unter Verwendung eines Fotos von © istock.com / PeopleImages
Satz: Katharina Ehle

Ernst Reinhardt Verlag, Kemnatenstr. 46, D-80639 München
Net: www.reinhardt-verlag.de E-Mail: info@reinhardt-verlag.de

Inhalt

Vorwort

Die Entwicklungen von Kindern und Jugendlichen spielen im schulischen Kontext eine wichtige Rolle. Pädagogisches Handeln ist darauf ausgerichtet, gezielt auf die SchülerInnen einzuwirken, um deren Persönlichkeitsentwicklung zu fördern sowie Bildungs- und Erziehungserfolge zu ermöglichen. Um pädagogische Angebote möglichst entwicklungsförderlich zu gestalten, benötigen pädagogische Fachkräfte daher Informationen darüber, wie sich ein Kind bzw. ein Jugendlicher in bestimmten Merkmalen (z. B. im Rechtschreiben oder Sozialverhalten) über die Zeit entwickelt. Solche Informationen werden über diagnostische Methoden gewonnen. Da klassische Statusdiagnostik diese Informationen nur über relativ große Zeitabstände liefert (z. B. über ein halbes Schuljahr), im schulischen Kontext aber häufig viel schneller pädagogische Entscheidungen getroffen werden (müssen), bedarf es in der Praxis diagnostischer Methoden, die Entwicklungsverläufe über einen kürzeren Zeitraum abbilden. Für diese Zwecke ist die Methode der Verlaufsdiagnostik geeignet.

Aufgrund ihrer hohen Nützlichkeit für die pädagogische Arbeit wird die Verlaufsdiagnostik zunehmend als neuer Trend der schulischen Diagnostik diskutiert. Diese Diskussion wird unter anderem durch zwei substanzielle Veränderungen im deutschen Bildungssystem angefeuert.

Zum einen wandelt sich die deutsche Bildungslandschaft nach dem sogenannten „Pisa-Schock" zunehmend zu einem output-orientierten System. Die damit einhergehende stärkere Kompetenzorientierung bei SchülerInnen hat dazu beigetragen, dass Bildungspläne grundlegend überarbeitet wurden und sowohl Bildungspolitik als auch Bildungsforschung zunehmend datengestützt und evidenzbasiert vorgehen (Bromme et al. 2014).

Zum anderen hat sich Deutschland mit der Ratifizierung der UN-Konvention über die Rechte von Menschen mit Behinderungen zur Umsetzung eines inklusiven Schulsystems verpflichtet. Eine mögliche Umsetzungsform von Inklusion ist das gemeinsame Lernen, also die gemeinsame Beschulung von Menschen mit und ohne Behinderungen. Diese Organisationsform führt zu heterogenen Lerngruppen, für die Unterricht und Förderung zunehmend differenzierter und individualisierter geplant und umgesetzt werden (Gräsel et al. 2017).

Die Verlaufsdiagnostik als diagnostische Methode erfolgt über die häufige und wiederholte Messung des gleichen Merkmals (Klauer 2014). Damit kann sie einen Verlauf und individuelle Veränderungen dieses Merkmals über die Zeit abbilden (Klauer 2011). Solche sogenannten Zeitreihenanalysen eignen sich besonders, um die Entwicklung in bestimmten Merkmalen von SchülerInnen zu erfassen. Somit kann die Verlaufsdiagnostik in der Schule eingesetzt werden, um die Entwicklung von SchülerInnen abzubilden und um zu überprüfen, ob differenzierte und individualisierte Förder- und Unterrichtsangebote mit einer Veränderung in der Entwicklung bestimmter Merkmale einhergehen. Die Verlaufsdiagnostik kann also die individuelle Passung von Förderung und Unterricht zu SchülerInnen überprüfen. Sie leistet damit einen Beitrag für ein evidenzbasiertes, datengestütztes und inklusives Handeln.

Die Verlaufsdiagnostik ist kein klassischer diagnostischer Ansatz. Sie erfordert keine hoch standardisierte Testsituation, sondern hat ihre zentrale Stärke in der flexiblen Umsetzung. Dies führt gleichzeitig zu einigen Herausforderungen in der Anwendung, deren praktische Bewältigung wir mit diesem Buch unterstützen möchten.

In diesem Buch stellen wir die Verlaufsdiagnostik des Verhaltens von SchülerInnen in schul- und unterrichtsrelevanten Situationen vor. Studien zur Prävalenz geben an, dass ca. 20% aller Kinder und Jugendlichen im schulpflichtigen Alter Verhaltensprobleme zeigen, für die eine systematische Verhaltensförderung in der Schule Sinn machen würde (z.B. Hölling et al. 2014). Besonders diese SchülerInnen stellen die Zielgruppe der Verhaltensverlaufsdiagnostik dar, um Verhaltensentwicklungen zu erfassen und daraus Förderangebote abzuleiten, zu planen und weiterzuentwickeln.

Mit diesem Buch legen wir eine praktische Einführung in die Verlaufsdiagnostik des Verhaltens von SchülerInnen mit der Direkten Verhaltensbeurteilung vor. Die Direkte Verhaltensbeurteilung (DVB) ist eine diagnostische Methode, die sich für die Verhaltensverlaufsdiagnostik in der Schule etabliert hat (Christ et al. 2009). Der Ansatz wurde aus dem US-Amerikanischen Raum übertragen und mittlerweile in verschiedenen Studien als durchführbar und psychometrisch hochwertig evaluiert.

Zunächst gehen wir auf die theoretischen und konzeptionellen Grundlagen der Verhaltensverlaufsdiagnostik ein. Wir wählen hierbei bewusst einen sehr breiten Zugang, um zu verdeutlichen, inwieweit die hier vorgestellte pädagogische Methode in den Gesamtzusammenhang einzubetten ist und welches Menschenbild der Anwendung einer solchen Methode zugrunde liegt. Anschließend stellen wir die Methode der Direkten Verhaltensbeurteilung detailliert dar, um davon ausgehend eine „Schritt-für-Schritt"-Anleitung für die Umsetzung abzuleiten. Bei dieser Anleitung werden aus den Ergebnissen empirischer Studien Leitprinzipien für die wesentlichen Schritte zur Umsetzung der Methode entwickelt. Schließlich wenden wir die Direkte Verhaltensbeurteilung exemplarisch auf vier Anwendungsfelder schulischen Handelns an.

Um die Inhalte des Buches praktisch anwendbar zu machen, beginnen wir mit dem Fallbeispiel eines Schülers („Sam"), der Probleme im Verhalten zeigt. Auf dieses Fallbeispiel werden wir immer wieder verweisen und die aufgeführten Empfehlungen und Prinzipien darauf anwenden.

Köln und Wuppertal, im August 2019,
Gino Casale, Christian Huber, Thomas Hennemann und Michael Grosche

1 Ein Fallbeispiel: Sam (zehn Jahre)

BEISPIEL

Der zehnjährige **Sam** besucht die vierte Klasse einer Grundschule, an die er vor ungefähr einem Schuljahr gewechselt ist. Bereits seit Schuleintritt zeigt er in verschiedenen Unterrichtssituationen impulsives und unkonzentriertes Verhalten. Er gerät mit anderen MitschülerInnen ständig wegen geringster Anlässe in Streit und wurde deshalb auch an der vorherigen Schule zunehmend abgelehnt. Dies setzt sich in der jetzigen Klasse fort.

Auf der anderen Seite zeigt sich Sam sehr hilfsbereit. Er übernimmt gerne Klassendienste, führt diese jedoch oft nicht zu Ende. Weder in der Schule noch zuhause zeigen gutes Zureden, Appelle an die Vernunft oder auch Bestrafungen (z. B. Fernsehverbot) eine längerfristige Besserung. Sam bemüht sich, die Vereinbarungen einzuhalten, scheint diese jedoch bereits auf dem Weg zum Platz oder zum nächsten Raum „zu vergessen".

Ein Auszug aus einem Unterrichtsprotokoll illustriert eine „typische" schulische Situation. Eine Lehramtsstudentin beobachtet Sam (S.) und hält u. a. fest:

- *9.25 Uhr: Beginn der Stunde – S. schwenkt seine Jacke über dem Kopf.*
- *9.30 Uhr: S. sitzt auf seiner Jacke, nicht auf seinem Stuhl.*
- *9.35 Uhr: S. kaut an seinem Heft, zerbeißt einige Seiten und rudert mit den Beinen.*
- *9.40 Uhr: S. meldet sich freudig und aufgeregt auf die Frage der Lehrerin, er gibt eine richtige Antwort.*
- *9.45 Uhr: S. hat stolz seinen Platz verlassen, sitzt auf dem Schoß der Studentin und umarmt sie.*

Sams schulische Leistungen sind insgesamt eher schwach. Insbesondere die Bearbeitung längerer schriftlicher Aufgaben und die konzentrierte Teilnahme an längeren mündlichen Arbeitsphasen bereiten ihm große Schwierigkeiten. Die Grundlagen im Bereich Mathematik und Deutsch sind nicht gesichert. Viel Freude bereitet ihm der Sportunterricht. Hier zeigt er eine deutlich höhere Konzentration.

Auch Sams Verhalten zuhause erscheint problematisch: So berichten seine Eltern, dass Sam bereits als Kleinkind im Gegensatz zu seiner ein Jahr älteren Schwester äußerst unruhig und ständig in Bewegung war. Wenn von ihm verlangt wurde, dass er einmal ruhig sein sollte, reagierte er mit Impulsdurchbrüchen und war kaum zu bändigen. Er forderte viel Beachtung ein und hielt mit seinen unkontrollierten Ausbrüchen die ganze Familie in Bewegung. Spiele führte Sam selten zu Ende, sondern, kaum angefangen, wandte er sich planlos anderen Tätigkeiten zu. Die ständige Betriebsamkeit wurde oft von unvermittelten Wutausbrüchen begleitet, die sich auf die Eltern, die Schwester und die Spielkameraden richteten. Die Eltern von Sam geben an, sich mit der Erziehung überfordert zu fühlen

(nach Hövel 2016, unveröffentlichtes Manuskript).

2 Konzeptionelle Grundlagen

2.1 Normative Grundlagen

Menschen sind soziale Wesen, die sich nur in der Gemeinschaft mit anderen Menschen positiv entwickeln können (Tomasello 2002; 2010). Jedoch gelingt das Zusammenleben und Zusammenlernen nie völlig konfliktfrei. Daher bildeten sich in der Entwicklung des Menschen Regeln, Normen und Werte des Zusammenlebens heraus (Tomasello 2002; 2010). Wenn Menschen mithilfe dieser Regeln, Normen und Werte zusammenleben, unterstützen das Leben und Lernen in Gemeinschaft die individuelle Entwicklung und Sozialisation. Aber wenn Menschen gegen diese Regeln, Normen und Werte verstoßen, bietet das Leben in Gemeinschaft ein gewisses Konfliktpotenzial.

Normen, Werte und Regeln

Normen und Werte (z. B. Lebenstüchtigkeit, Mündigkeit und Selbstbestimmung) können von konkreten Regeln unterschieden werden (z. B. „Wir lassen uns gegenseitig ausreden."). Konkrete Regeln sind nahezu immer auf die abstrakten Normen und Werte bezogen bzw. aus ihnen abgeleitet worden (Mietzel 2007).

Die Schulklasse ist eine von vielen solcher Gemeinschaften, in der individuelle Entwicklung und Sozialisation stattfinden. Wir behaupten, dass in *allen* Klassengemeinschaften Regeln, Normen und Werte existieren, die das Leben und Lernen in der Klassengemeinschaft „regeln" sollen. Diese Klassenregeln können entweder implizit vorhanden oder explizit kommuniziert worden sein.

Vielen SchülerInnen gelingt es (auch aufgrund ihrer familiären Sozialisation) sehr gut, die geltenden Regeln des Zusammenlebens und Zusammenlernens zu erlernen und ihre Handlungen an diesen Regeln auszurichten. Andere SchülerInnen, wie z. B. auch Sam aus dem Fallbeispiel, haben jedoch größere Schwierigkeiten, im Unterricht im Einklang mit den Klassenregeln zu handeln, dass ihr eigenes und das Lernen der anderen nicht eingeschränkt sowie positive Entwicklung und Sozialisation möglich werden. Diese Schwierigkeiten können unterschiedliche Gründe haben, deren Beschreibung das vorliegende Buch sprengen würde. Wir wollen uns daher lediglich auf die grundlegenden Annahmen biopsychosozialer Entwicklungsmodelle berufen (z. B. Dodge / Pettit 2003).

Nach diesen Entwicklungsmodellen entstehen Schwierigkeiten beim sozialen Regellernen, wenn vielfältige biologische, psychologische und soziale Dispositionen und Kontexte ungünstig miteinander interagieren. Somit können sich SchülerInnen vielleicht deshalb schwer an Regeln halten, weil sie gewisse Störungen der Neurotransmittersysteme aufweisen (z. B. im dopaminergen System, das mit Symptomen von ADHS assoziiert ist; Frölich et al. 2015), weil sie ihr eigenes Verhalten und Erleben nicht gut genug regulieren können (z. B. Störungen der Emotionsregulation, die mit externalisierenden und internalisierenden Verhaltensstörungen verknüpft sind; von Salisch / Kraft 2010), weil sie in Familie, Freundeskreis und Schule bisher zu wenig Anleitung im Erkennen der Wichtigkeit von Regeln erfahren haben (z. B. bei permissiven Erziehungsstilen oder lediglich implizit vorhandenen Klassenregeln oder strafenden und wenig anerkennenden Lehrkräften; Pinquart 2017) und die Gesellschaft gewisse Verhaltensweisen als sozial-adäquat anerkennt bzw. andere als sozial-inkompetent ablehnt (z. B. für eine Unterrichtsstunde still bzw. nicht still sitzen können; Myschker / Stein 2014). Je mehr solcher Risikofaktoren auftreten und je vielfältiger und intensiver sie miteinander interagieren, desto höher ist die Wahrscheinlichkeit für Schwierigkeiten im sozialen Regellernen.

Probleme beim Erlernen der sozialen Regeln erhöhen das Risiko für negative Konsequenzen. Die betreffenden SchülerInnen entwickeln häufiger psychische Auffälligkeiten (Costello et al. 2011) und werden häufiger von ihren KlassenkameradInnen abgelehnt und ausgegrenzt (Huber 2009; Krull et al. 2014). Ebenso fühlen sich ihre MitschülerInnen durch die Regelverletzungen im Lernen gestört (Schönbächler et al. 2011) und erlernen von den RegelbrecherInnen negative Verhaltensweisen (Müller et al. 2013). Zudem geben viele Lehrkräfte an, dass ihr größter Stressor diese negativen Verhaltensweisen und Regelverstöße sind und sie sich dadurch belastet fühlen (z. B. de Boer et al. 2011).

Nicht jeder Regelverstoß ist schlimm. Über viele Regelverstöße können Lehrkräfte und ihre Lernenden gelassen hinwegsehen, und an anderen Regelverstößen kann man lernen. Treten Regelverstöße jedoch sehr gehäuft auf und / oder sind die Regelverstöße schwerwiegend, hilft kein Abwarten und positives Deuten dieser Regelverstöße (z. B. Scherzinger et al. 2017). Stattdessen halten wir es für eine pädagogische und moralische Pflicht, die Heranwachsenden beim Erlernen sozialer Regeln anzuleiten und zu begleiten. Schule hat neben der Leistungsfunktion eben auch eine Sozialisations- und Erziehungsfunktion (Fend 2008), die jede Lehrkraft ausüben muss. Wenn SchülerInnen das Erlernen sozialer Regeln schwer fällt, haben sie einen grundsätzlichen Anspruch auf Unterstützung durch ihre Lehrkräfte (Heward 2003). Erst durch diese Unterstützung werden das Klassenleben und die individuelle Entwicklung sowie Sozialisation durch und in der Klassengemeinschaft ermöglicht.

SchülerInnen durch Förderung unterstützen

DEFINITION

Von **Förderung** sprechen wir immer dann, „wenn auf der Basis einer Förderdiagnose individuell spezifische Interventionen stattfinden, die in ihren Wirkungen einer Evaluation unterzogen werden und von Beratungsprozessen begleitet sind sowie in einen systematischen Begründungszusammenhang eingeordnet werden können" (Heimlich et al. 2015, 9).

Sämtliche in diesem Buch beschriebenen Methoden sind dieser Definition von Förderung zuzuordnen.

Die Meinung, *dass* eine Förderung beim Erlernen von Regeln, Normen und Werten wichtig sein kann, wird von den meisten Menschen sicherlich geteilt. *Wie* aber eine solche Förderung gestaltet sein kann, um tatsächlich als optimale Unterstützung erfahren zu werden, wird sehr kontrovers diskutiert. Im Folgenden schlagen wir vor, die Förderung möglichst *evidenzbasiert* zu planen, durchzuführen und zu evaluieren.

2.2 Evidenzbasierte Praxis

Eine pädagogische Binsenweisheit

Förderung ist nur dann als geeignet zu beurteilen, wenn sie zu den Lern- und Entwicklungsbedürfnissen der SchülerInnen sowie zu den angestrebten Lern- und Entwicklungszielen passt. Somit ist eine Förderung weder grundsätzlich geeignet noch grundsätzlich ungeeignet, sondern ist entweder im Einzelfall (mehr oder weniger) passend oder im Einzelfall unpassend. Das ist eine pädagogische Binsenweisheit: Es gibt nicht *die eine* Fördermethode, die für jeden und alles passend ist. Vielmehr gibt es je nach individuellen Zielen und Bedürfnissen bestimmte passende oder unpassende Fördermethoden. Somit können Fördermethoden, die einigen SchülerInnen helfen, bei anderen SchülerInnen völlig sinnlos sein oder ihnen sogar schaden.

Das Trias-Modell der evidenzbasierten Praxis

Die Frage ist allerdings, wie Lehrkräfte entscheiden können, welche Fördermethode für eine/n SchülerIn passend oder unpassend ist. Um Fördermethoden individuell passend zu entwickeln, durchzuführen und zu evaluieren, halten wir das Konzept der evidenzbasierten Praxis für sinnvoll und hilfreich.

DEFINITION

Evidenzbasierte Praxis ist „die Suche nach einer verantwortlichen, transparenten Entscheidungsfindung auf der Basis wissenschaftlicher Erkenntnis für die dem Klienten geeignetste Maßnahme" (Hillenbrand 2015, 313).

Es geht also darum, „auf der Basis der Erkenntnis des konkreten Einzelfalls und wissenschaftlich fundierter professioneller Expertise mit dem besten verfügbaren wissenschaftlichen Erkenntnisstand zu handeln" (Hillenbrand 2015, 313).

Eine solche gewissenhafte Suche nach einer evidenzbasierten Entscheidung über die Anwendung oder Nicht-Anwendung einer Fördermethode im Einzelfall geschieht laut dem sogenannten Trias-Modell der evidenzbasierten Praxis (Grosche 2017a) auf der Grundlage

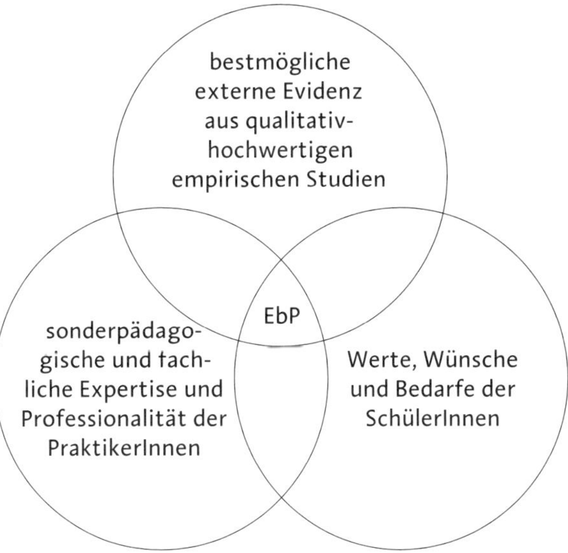

Abb. 1: Das Trias-Modell der evidenzbasierten Praxis (EbP) für die Sonderpädagogik (Grosche 2017a, 362)

1 der praktischen Expertise und Professionalität der Lehrkraft,
2 der Werte, Wünsche und Bedarfe eine/r SchülerIn sowie
3 der bestmöglichen externen wissenschaftlichen Evidenz einer Fördermethode aus möglichst hochwertigen empirischen Studien.

Erst wenn bei pädagogischen Entscheidungen, ob eine Fördermethode angewendet werden soll, alle drei Bausteine gleichermaßen berücksichtigt werden, kann vom Konzept evidenzbasierter Praxis (EbP) gesprochen werden (Überschneidungsbereich im Mittelpunkt, Abb. 1).

Ein Missverständnis evidenzbasierter Praxis

Ein weit verbreitetes Missverständnis über evidenzbasierte Praxis ist die Annahme, dass durch wissenschaftliche Forschungsergebnisse bestimmte Fördermethoden als evidenzbasiert „geadelt" werden und daher bevorzugt durchzuführen wären. Somit wären bestimmte Fördermethoden generell evidenzbasiert und andere Fördermethoden generell unwirksam. Diese Annahme ist falsch und widerspricht der zuvor angeführten pädagogischen Binsenweisheit. Richtig ist hingegen, dass wissenschaftliche Studien eine exzellente Quelle zur Bewertung der externen Evidenz einer Fördermethode sind. In solchen wissenschaftlichen Studien wird bewertet, ob eine gewisse Fördermethode wirksamer als eine andere Fördermethode war. Durch solche Studien können unwirksame Fördermethoden ausgeschlossen und wirksame Fördermethoden besonders betont werden. Positiv evaluierte Fördermethoden haben dann eine hohe externe wissenschaftliche Evidenz (Blumenthal/Mahlau 2015; Grosche 2017a, 2017b). Diese Fördermethoden sind aber nicht an sich evidenzbasiert. Sie können erst dann als evidenzbasiert interpretiert werden, wenn sie zu den individuellen Bedürfnissen von SchülerInnen passen und die Lehrkraft genügend professionelle Kompetenzen zur Durchführung besitzt. Mit anderen Worten: Die beste externe wissenschaftliche Evidenz ist unnütz, wenn die Fördermethoden nichts mit den Bedürfnissen von SchülerInnen zu tun haben und/oder die Lehrkraft diese Fördermethoden unprofessionell einsetzt. Somit können ausschließlich die *pädagogischen Entscheidungen* zur Anwendung oder Nicht-Anwendung einer Fördermethode evidenzbasiert sein (Grosche 2017a).

Wie können Lehrkräfte die externe Evidenz einer Fördermethode bewerten, die Werte, Wünsche und Bedarfe der individuellen SchülerInnen reflektieren und ihre eigenen professionellen Kompetenzen schulen?

Die Bewertung der externen Evidenz ist ein sehr schwieriges und hochkomplexes Unterfangen. Die zugrundeliegenden wissenschaftlichen Texte sind sprachlich meist extrem verdichtet und im Falle der Evaluationsforschung mit zahlreichen statistischen Verfahren gespickt, so dass diese Texte Barrieren der praktischen Verständigung sind (Bromme et al. 2016; Stark 2017). Zudem dauert die Verständigung über die externe Evidenz einer Fördermethode lange und ist überaus aufwändig und teuer (Cook et al. 2015; Council for Exceptional Children 2014), so dass sie im stressigen Arbeitsalltag von Lehrkräften wohl kaum zu leisten sein wird. Aus diesen Gründen wird überlegt, die externe wissenschaftliche Evidenz für Lehrkräfte lesbarer aufzubereiten, wie z. B. im Clearinghouse der TU München (www.clearinghouse.edu.tum.de, 23.07.2019), im Fachportal Wissenschaft-Praxis des ZEIF Potsdam (www.uni-potsdam.de/de/inklusion/zeif/fachportal.html, 23.07.2019) oder in der „Grünen Liste Prävention“ des Landespräventionsrat Niedersachsen (www.gruene-liste-praevention.de, 23.07.2019). Ob diese Quellen Lehrkräften tatsächlich helfen, die externe Evidenz von Fördermethoden besser bewerten zu können, wird die Zukunft zeigen.

Die Werte, Wünsche und Bedarfe von SchülerInnen können Lehrkräfte viel intuitiver erfahren. Jedoch erfordert das Konzept der evidenzbasierten Praxis, dass der Erfahrungsprozess systematisch erfolgt, um Fehlinterpretationen entgegenzuwirken und die SchülerInnen selbst in die Entscheidungsfindung einzubinden. Zielführend sind im Sinne einer verstehenden Pädagogik (Schad 2015) zum einen systematische Gespräche mit den SchülerInnen, die nicht nur über Problemsituationen, sondern vor allem über ihre eigenen Wünsche für die Zukunft geführt werden. Mögliche Fördermethoden müssen gemeinsam diskutiert und ausgehandelt werden. Zielführend ist zum anderen Diagnostik zur Exploration der individuellen Bedarfe sowie der Überprüfung, ob die von der Lehrkraft vermuteten Bedarfe auch tatsächlich vorhanden sind. Ziel ist, dass SchülerInnen eine informierte Entscheidung bezüglich ihrer eigenen Förderung treffen können.

Die externe Evidenz sowie die individuellen Bedarfe zusammenfassend, entscheiden SchülerInnen und ihre professionellen Lehrkräfte über die Durchführung einer Fördermethode. Aufgrund der evidenzbasierten Auswahl vermutet die Lehrkraft, dass die Fördermethode eine hohe Wahrscheinlichkeit hat, im individuellen Einzelfall wirksam zu sein. Ob diese Vermutung stimmt, muss im Einzelfall evaluiert werden.

Evaluation der Förderung durch das Testen von Förderhypothesen

Die Entscheidung für oder gegen die Durchführung einer Fördermethode ist allerdings erst der Anfang. Folgendes Ablaufschema (Abb. 2) visualisiert einen prototypischen Prozess.

Die evidenzbasierte Entscheidung, die auf der Basis der individuellen Werte, Wünsche und Bedarfe, der praktischen Expertise und Professionalität der Lehrkräfte sowie der wissenschaftlichen externen Evidenz getroffen wurde, mündet in eine Hypothese über die Passung einer Fördermethode zu eine/r SchülerIn. Wir wollen dies eine Förderhypothese nennen. Diese Förderhypothese besagt nicht, dass die Förderung auf jeden Fall wirksam sein wird. Sie behauptet nur, dass eine erhöhte Wahrscheinlichkeit für die Wirksamkeit dieser Fördermaßnahme im Einzelfall existiert:

> *„Verfahren, die dem Anspruch der Evidenzbasierung entsprechen, erhöhen gewissermaßen die Wahrscheinlichkeit, tatsächlich eine positive Wirkung auszulösen, auch wenn sie es nicht garantieren können. Evidenzbasierung stellt damit einen probabilistischen, wahrscheinlichkeitsorientierten, aber keinen technologischen Zugang zum Problem pädagogischen Handelns, das immer ein Versuchshandeln ist, dar“ (Hillenbrand 2015, 315).*

Die Förderhypothese ist also ein gutes Argument, die Fördermethode einmal auszuprobieren.

Die Förderhypothese ist eine Vermutung über die Passung einer Fördermethode zu eine/r SchülerIn.

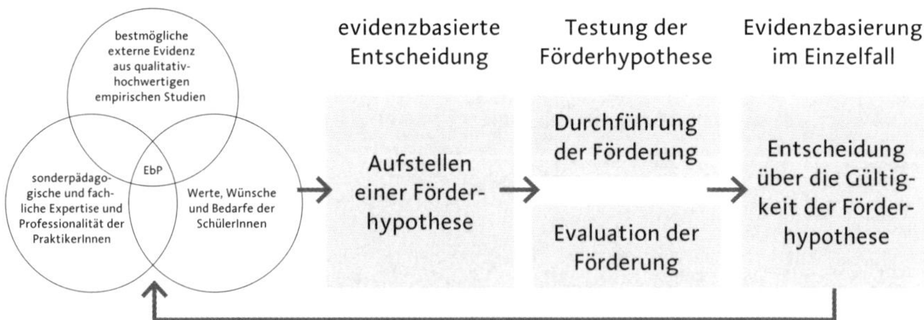

Abb. 2: Ein Verlaufsmodell evidenzbasierter Praxis

Während des Förderzeitraums stellt sich nun jedoch die Frage, ob die Förderhypothese überhaupt stimmt. Passt die Förderung tatsächlich zu den Bedürfnissen des Kindes? Sobald sich Lehrkräfte Gedanken über die Wirksamkeit des eigenen Unterrichts machen, prüfen sie eine Hypothese. Das Konzept der evidenzbasierten Praxis erfordert nun, dass die Prüfung der Förderhypothese hochgradig systematisch erfolgt. Lehrkräfte müssen ihre Förderhypothese also systematisch an der Realität „testen", was auch „Evidenzbasierung im Einzelfall" genannt wird (Casale et al. 2015, 327).

Förderhypothesen testen

Die Testung der Förderhypothese geschieht durch geeignete diagnostische Methoden, die im Zentrum des vorliegenden Buches stehen. Diese Art der Diagnostik wird nicht vor, sondern während Förderphasen durchgeführt und ist somit der Förderung inhaltlich und zeitlich nachgeordnet (Schlee 2004). Es wird also durch diagnostische Methoden im Einzelfall geprüft, ob die zuvor ausgewählte Förderung wirklich beim Kind ankommt, das Kind sich positiv entwickelt und somit die Lern- und Entwicklungsbedürfnisse des Kindes tatsächlich getroffen wurden.

Wenn sich das Kind positiv entwickelt, ist die Förderhypothese bestätigt (im strengen wissenschaftstheoretischen Sinn konnte sie lediglich „nicht falsifiziert" werden) und gilt die Fördermethode tatsächlich im Einzelfall als evidenzbasiert. Entwickelt sich das Kind nicht in die angestrebte Richtung, muss die Förderhypothese abgelehnt werden (sie wurde falsifiziert), und somit gilt die Fördermethode als nicht evidenzbasiert. Es muss dann entschieden werden, ob die Fördermethode besser an die Bedürfnisse des Kindes angepasst werden muss, ob die Fördermethode auf eine andere Art oder Intensität umgesetzt werden soll oder ob eine ganz andere Fördermethode ausgewählt werden muss. Somit startet der zuvor skizzierte Entscheidungsprozess von Neuem und mündet in eine modifizierte oder eine neue Förderhypothese.

Aber wie kann die Diagnostik der Evidenzbasierung im Einzelfall erfolgen? Wie soll die Lehrkraft erkennen, ob die Förderung tatsächlich die intendierte Wirkung erzielt? Der Vorschlag, den wir im vorliegenden Buch unterbreiten werden, lautet, dass Lehrkräfte über den Förderzeitraum hinweg das Verhalten eine/r SchülerIn mehrfach in kurzen Abständen diagnostizieren, um die Veränderungen des Verhaltens zu evaluieren und anhand der diagnostischen Ergebnisse auf die Passung der Fördermethode zum Individuum zu schließen. Dafür benötigen Lehrkräfte sogenannte verlaufsdiagnostische Methoden, deren grundlegende Ideen wir im Folgenden erläutern möchten.

2.3 Verlaufsdiagnostik als Evaluation der Passung der Förderung zum Individuum

Was ist Verlaufsdiagnostik?

DEFINITION

Pädagogische Diagnostik „umfasst alle diagnostischen Tätigkeiten, durch die bei einzelnen Lernenden und den in einer Gruppe Lernenden Voraussetzungen und Bedingungen planmäßiger Lehr- und Lernprozesse ermittelt, Lernprozesse analysiert und Lernergebnisse festgestellt werden, um individuelles Lernen zu optimieren" (Ingenkamp/Lissmann 2008, 13).

Etwas knapper bezeichnet pädagogische Diagnostik alle „Erkenntnisbemühungen im Dienst aktueller pädagogischer Entscheidungen" (Klauer 1978, zit. nach Leutner/Kröner 2018).

Je nach Art der diagnostischen Fragestellung werden unterschiedliche diagnostische Methoden benötigt. Soll beispielsweise die diagnostische Frage beantwortet werden, ob bei SchülerInnen ein sonderpädagogischer Förderbedarf in der emotional-sozialen Entwicklung vorliegt, muss das Konstrukt „sonderpädagogischer Förderbedarf in der emotional-sozialen Entwicklung" angemessen operationalisiert werden. Hierzu zählt z. B., dass langandauernde, umfassende und schwerwiegende Verhaltensprobleme in mindestens zwei unterschiedlichen Settings, von denen eines die Schule ist, nachgewiesen werden müssen (Hennemann/Casale 2015). Diagnostische Methoden sind auszuwählen, die dieses Konstrukt angemessen operationalisieren. Hierzu gehören z. B. umfassende Checklisten für unterschiedlichste Verhaltensweisen, die die Bewertung der Symptomatik über einen länger zurückliegenden Zeitraum von meist mehreren Monaten erlauben. Eine einmalige kurze Verhaltensbeobachtung würde dem diagnostischen Ziel jedoch nicht entsprechen.

Soll jedoch die diagnostische Frage beantwortet werden, ob eine Fördermethode tatsächlich passend zu den Lern- und Entwicklungsbedürfnissen eine/r SchülerIn ist, müssten Lern- und Entwicklungsfortschritte angemessen operationalisiert werden. Hierfür wären umfassende Checklisten mit unterschiedlichsten Verhaltensweisen ungeeignet, jedoch wären häufige, aber kurze Verhaltensbeobachtungen während der Förderung das Mittel der Wahl.

Unterschiede zwischen Status- und Verlaufsdiagnostik

Dieser Unterschied ist für die in diesem Buch beschriebene Verlaufsdiagnostik überaus zentral und soll daher pointiert gegenübergestellt werden. Verlaufsdiagnostische Methoden können für unterschiedliche diagnostische Fragestellungen verwendet werden. Testkonstruktionsbedingt eignen sie sich für einige diagnostische Fragestellungen sehr gut (Beispiele, Kap. 4). Für andere diagnostische Fragestellungen ist die Verlaufsdiagnostik jedoch ungeeignet (Casale et al. 2015a; Casale et al. 2015b; Grosche 2014).

Zur Beantwortung der diagnostischen Fragestellung, ob bei einem Kind ein sonderpädagogischer Förderbedarf vorliegt, muss das breite Konstrukt „sonderpädagogischer Förderbedarf" operationalisiert, bei diesem Kind erhoben und im Vergleich zu MitschülerInnen ohne sonderpädagogische Bedarfe bewertet werden. Die zugrundeliegenden diagnostischen Methoden müssen das Konstrukt breit abbilden und sind daher meist sehr umfangreich, so dass alleine aus pragmatischen Gründen nur seltene Messungen erfolgen können. Da zudem die Definition eines sonderpädagogischen Förderbedarfs immer davon ausgeht, dass ein Förderbedarf zumindest relativ zeitstabil ist, werden von den EntwicklerInnen solcher diagnostischer Verfahren vor allem Aufgaben und Items entwickelt, die möglichst änderungsresistent sind. Daher können über solche diagnostischen Methoden keine Förderhypothesen evaluiert werden.

Zur Beantwortung der diagnostischen Fragestellung, ob eine durchgeführte Förderung bei einem Kind ankommt, sind die soeben skizzierten Anforderungen an diagnostische Methoden weniger relevant. Hingegen soll das aktuelle Verhalten eines Kinds mit seinem vorherigen Verhalten verglichen werden, um zu prüfen, ob sich das Verhalten verbessert. Dabei werden diejenigen Verhaltensweisen ausgewählt, die aktuell für das Kind herausfordernd sind und es ist egal, ob dieses Verhalten üblicherweise bereits in der Klassen- oder Altersstufe des Kindes gezeigt werden sollte. Wichtig ist hingegen, dass die Aufgaben und Items in der Zone der nächsten Entwicklung liegen. Üblicherweise werden daher nur sehr enge Merkmale gemessen, die keinesfalls ein umfassendes Konstrukt repräsentieren, dafür aber relativ änderungssensitiv sind und Förderhypothesen auch kurzfristig prüfen können. Häufig sind diese engen Merkmale auf das Erlernen von konkreten sozialen Regeln in der Klassengemeinschaft bezogen.

Für die Verlaufsdiagnostik ist es daher weniger relevant, ob eine Kompetenz in einer Alters- oder Klassenstufe eigentlich bereits erworben worden sein sollte oder welches Konstrukt der entwickelten Diagnostik zugrunde liegt. Viel relevanter ist, dass die Verlaufsdiagnostik so ausgewählt wird, dass sie Fähigkeiten oder Verhaltensweisen in der individuellen Zone der nächsten Entwicklung misst und intraindividuelle Veränderungen über die Zeit kurzfristig nachweisen kann, um die Förderhypothese zu bestätigen oder zu falsifizieren. Die testtheoretische Konstruktion der Verlaufsdiagnostik führt jedoch dazu, dass diagnostische Aussagen über die Ausprägung von breiten Konstrukten unmöglich sind. Es stellt sich daher die Frage, wie Ergebnisse der Verlaufsdiagnostik korrekt interpretiert werden können.

Tab. 1: Unterschiede zwischen Status- und Verlaufsdiagnostik (nach Grosche 2014)

Fragestellung	Liegt ein sonderpädagogischer Förderbedarf vor?	Kommt die Förderung beim Kind an?
Ziel	Einordnung eines Individuums	Analyse von individuellen Veränderungen
Konstrukt	breites und stabiles Konstrukt, das für das Alter oder die Klassenstufe angemessen entwickelt sein soll	enges Merkmal, das in der individuellen Zone der nächsten Entwicklung liegt
Ausrichtung	Durchschnitt aller SchülerInnen einer Klasse	für ein Individuum mittelschwere Entwicklungsaufgabe
Vergleich	Vergleich von Individuen miteinander („soziale Bezugsnorm“) oder anhand eines Kriteriums („kriteriale Bezugsnorm“)	Vergleich des Verhaltens eines Individuums mit seinem vorherigen Verhalten im zeitlichen Verlauf („individuelle Bezugsnorm“)
Zeitabstände, Umfang und Häufigkeit	lang, umfassend und selten	kurz, eng und häufig/engmaschig
Aufgaben/Items	für ein Konstrukt repräsentativer Inhalt mit unterschiedlichen Schwierigkeiten	parallele Aufgaben/Items mit gleichem Inhalt und gleicher Schwierigkeit
Testentwicklung	Aufgaben mit hoher Änderungsresistenz	Aufgaben mit hoher Änderungssensitivität

Wie werden Ergebnisse der Verlaufsdiagnostik interpretiert?

Wie soeben beschrieben, werden bei der Verlaufsdiagnostik enge Fähigkeiten oder Verhaltensweisen sehr häufig und engmaschig gemessen. Das Potenzial der Verlaufsdiagnostik besteht in der Analyse von individuellen Entwicklungsverläufen. Grundlegend können verlaufsdiagnostische Daten als *zeitliche Veränderung* des Verhaltens von SchülerInnen interpretiert werden. Eine Lehrkraft sammelt bei eine/r SchülerIn viele Daten über einen Zeitraum hinweg. Die Daten können prinzipiell auf drei verschiedene Arten interpretiert werden:

1. Bisher hat sich die Fähigkeit oder das Verhalten der Schülerin/des Schülers noch nicht positiv verändert, allerdings war der Förderzeitraum wahrscheinlich noch zu kurz. Die Lehrkraft sollte die Förderung erst einmal weiterführen und weiter verlaufsdiagnostisch begleiten.
2. Bisher hat sich die Fähigkeit oder das Verhalten der Schülerin/des Schülers noch nicht positiv verändert, obwohl der Förderzeitraum angemessen lang erscheint. Die Lehrkraft sollte die Förderung daher intensivieren, adaptieren oder verändern und weiter verlaufsdiagnostisch begleiten.
3. Die Fähigkeit oder das Verhalten der Schülerin/des Schülers hat sich positiv verändert. Die Förderung scheint passend zu den Bedürfnissen der Schülerin/des Schülers zu sein und sollte so lange weitergeführt und verlaufsdiagnostisch begleitet werden, bis z.B. die zugrundeliegende soziale Regel vollständig erworben wurde.

Fehlinterpretation verlaufsdiagnostischer Befunde

Im Folgenden wollen wir drei mögliche Fehlinterpretationen diskutieren, nämlich

1. Aussagen über die Eigenschaften, Eigenheiten und Kompetenzen von Individuen,
2. Aussagen über Unterschiede zwischen Individuen und
3. Kausalaussagen.

Fehlinterpretation 1: Aussagen über Eigenschaften, Eigenheiten und Kompetenzen

Erstens ist es mittels Verlaufsdiagnostik unmöglich, auf die Eigenschaften, Eigenheiten und Kompetenzen (Status) von SchülerInnen zu schließen. Die Aussagen „Der Schüler ist so!“ oder „Die Schülerin hat diese oder jene Kompetenz!“ können nicht durch verlaufsdiagnostische Tests gestützt werden. Verlaufsdiagnostik kann nur die Aussage „Der Schüler entwickelt sich so!“ oder „Die Schülerin entwickelt sich nicht in die intendierte Richtung!“ stützen.

Da mittels Verlaufsdiagnostik meist eng umgrenzte und sich potenziell schnell veränderliche Fähigkeiten oder Verhaltensweisen gemessen werden, spricht schon alleine die Änderungssensitivität der Verlaufsdiagnostik gegen eine Aussage über den Status eines Individuums. Zudem sind die gemessenen Fähigkeiten und Verhaltensweisen immer untrennbar mit individuellen Eigenschaften der Person und situativen Eigenschaften der Umwelt verknüpft. Damit ist gemeint, dass immer situative Eigenschaften der Umwelt auf das aktuelle Verhalten von SchülerInnen einwirken. In der Verlaufsdiagnostik werden somit immer Interaktionen zwischen Personen und Situationen, aber niemals individuelle situationsunabhängige Eigenschaften gemessen.

Folgende Analogie aus dem Mathematikunterricht soll diesen Gedanken nochmals erläutern. Die Aufgabe „Welches sind in der Gleichung A x B = 10 die richtigen Werte für A und B?“ ist ohne weitere Informationen unlösbar. Wir kennen das Ergebnis 10, aber können niemals sagen, welcher Wert für A und B gilt. Gleiches gilt für die verlaufsdiagnostischen Ergebnisse. Wir kennen das diagnostische Ergebnis (nämlich wie sich ein Individuum momentan verhält und sich über die Zeit entwickelt), wir können aber in der Praxis niemals bestimmen, welchen Anteil das Individuum (A) und welchen Anteil die Situation, also der Unterricht oder die Förderung (B) am Ergebnis haben. Es ist müßig, darüber zu diskutieren, wie wichtig A und B für das Ergebnis sind. Beides ist wichtig, aber im Ergebnis nicht mehr bestimmbar. Daraus ergibt sich, dass verlaufsdiagnostische Befunde immer die Interaktionen von Individuum und Unterricht und Förderung messen, ihr jeweiliger Einfluss aber in der konkreten Erhebung unbestimmbar bleibt.

Verlaufsdiagnostik evaluiert ausschließlich die Passung von Person (A) und Förderung (B), weshalb keine alleinigen Aussagen über die Person oder die Förderung möglich sind.

Aus den gleichen Gründen ist es unmöglich, aufgrund schlechter verlaufsdiagnostischer Ergebnisse auf „Störungen“ oder „Beeinträchtigungen“ eines Kindes zu schließen. Testtheoretisch gesprochen basiert die Verlaufsdiagnostik meist *nicht* auf latenten Konstrukten (z. B. Störungen), die durch bestimmte Items repräsentativ operationalisiert werden. Somit können Probleme in Entwicklungsverläufen auch nicht auf diese latenten Störungen übertragen werden, sondern sind vielmehr darauf zurückzuführen, dass die angebotenen Förderungen nicht die Entwicklung des Kindes angemessen unterstützen.

Allerdings können Lehrkräfte durchaus versuchen, einen aktuellen Status eines Individuums mittels Verlaufsdiagnostik zu beschreiben, womit allerdings noch immer keine Statusdiagnostik des Individuums, sondern die Statusdiagnostik der momentanen und situativ gebundenen Verhaltensweisen gemeint ist. Hierzu können Lehrkräfte den Mittelwert aus mehreren verlaufsdiagnostischen Erhebungen berechnen. Aufgrund der hohen Änderungssensitivität der verlaufsdiagnostischen Aufgaben dürfen aber nur dann Mittelwerte berechnet werden, wenn noch keine Entwicklung stattgefunden hat (d. h. wenn die zugrundeliegenden Datenpunkte kaum ansteigen oder absinken und nur zufällig um den Mittelwert streuen). Dies könnte z. B. dann der Fall sein, wenn aus relativ kurzen Zeiträumen ein Mittelwert berechnet wird, wenn noch keine spezifische Förderung erfolgt oder aber wenn die spezifische Förderung unwirksam ist. Findet aber bereits systematische Entwicklung in den einzelnen Messwerten statt, ist die Berechnung eines Mittelwerts bzw. Status unsinnig.

Fehlinterpretation 2: Aussagen über Unterschiede zwischen Individuen

Zweitens ist es mittels Verlaufsdiagnostik unmöglich, Unterschiede zwischen SchülerInnen zu beschreiben. Prinzipiell gelten dafür dieselben Gründe, wie sie bei der ersten Fehlinterpretation beschrieben wurden. Wenn der Status eine/r SchülerIn nicht interpretiert werden kann, können auch keine Unterschiede in den verschiedenen Status zweier SchülerInnen interpretiert werden. Somit kann mittels der verlaufsdiagnostischen Daten nicht gesagt werden, ob sich ein/e SchülerIn besser verhält als ein/e andere/r SchülerIn. Jedoch können bei identischer verlaufsdiagnostischer Methode durchaus Mittelwerte von verlaufsdiagnostischen Informationen errechnet werden, die wiederum als das momentan gezeigte Verhalten gedeutet werden können – und diese Mittelwerte könnten dann vorsichtig als Unterschiede zwischen zwei SchülerInnen im momentan gezeigten Verhalten interpretiert werden.

Hinzu kommt, dass unterschiedliche Lehrkräfte das jeweils gezeigte Verhalten unterschiedlich bewerten werden. Dies führt dazu, dass zwei Lehrkräfte bei einem identischen Kind zu unterschiedlichen Mittelwerten kommen würden.

Somit können unterschiedliche statusbezogene Mittelwerte zu einem Kind nicht zueinander in Beziehung gesetzt werden. Jedoch konnte gezeigt werden, dass der Entwicklungsverlauf der Verhaltensweisen eines Kindes zwischen zwei Lehrkräften durchaus vergleichbar war. Somit können sich zwei Lehrkräfte uneins bezüglich des Ausmaßes von Verhaltensproblemen sein („Ich finde das Verhalten hoch problematisch!" vs. „Ich finde das Verhalten akzeptabel!"), aber trotzdem die Entwicklung der Verhaltensweisen gleich bewerten („Wir finden beide, der Schüler hat sich verbessert!"). Somit können durchaus Verhaltensverläufe zwischen verschiedenen Lehrkräften verglichen werden.

Fehlinterpretation 3: Kausalaussagen

Drittens ist es mittels Verlaufsdiagnostik nur schwer möglich, die kausale Wirksamkeit der Förderung zu evaluieren. Falls sich die/die SchülerIn positiv entwickelt, kann dies an der Förderung liegen – muss es aber nicht. Aus den Daten allein kann nicht auf die Wirksamkeit einer Förderung geschlossen werden. Verlaufsdiagnostische Befunde können daher nur interpretiert werden als „Während des Förderzeitraums hat sich der Schüler positiv/negativ/nicht entwickelt." Ob dies an der Wirksamkeit der Fördermethode lag oder an davon unabhängigen individuellen oder umweltbezogenen Entwicklungen, ist nicht zu bestimmen. Beispielsweise könnte sich das Verhalten von SchülerInnen deshalb verändert haben, weil bestimmte außerschulische Faktoren (z.B. Rituale im Elternhaus, Eintritt in einen Sportverein) verändert wurden.

Positive Entwicklungen in verlaufsdiagnostischen Daten dürfen daher nicht als „**Durch** meine Förderung hat sich der Schüler positiv entwickelt!" interpretiert werden, sondern als „**Während** meiner Förderung hat sich der Schüler positiv entwickelt!".

Falls Lehrkräfte dennoch solche kausale Wirksamkeitsaussagen treffen wollen, müssen die verlaufsdiagnostischen Daten in speziellen Forschungsdesigns erhoben werden. Verschiedene kausale Forschungsdesigns besprechen wir in Kapitel 4.

Was sind praktische Probleme der Verlaufsdiagnostik?

Die Durchführung einer Messung der Verlaufsdiagnostik dauert nur wenige Minuten und gehört damit zu den ökonomischsten diagnostischen Methoden, die es gibt. Zur Analyse von Verläufen müssen jedoch wiederholt sehr viele Messungen durchgeführt werden. Im Bereich akademischer Kompetenzen werden üblicherweise Testabstände von einer bis sechs Wochen empfohlen (Klauer 2006, 2011; Walter 2009). Solche Testabstände sind noch immer relativ ökonomisch.

Im Bereich der Verhaltensentwicklung sieht es hingegen anders aus. Verhaltensweisen sind sehr viel stärker situativ gebunden, d.h., sie verändern sich rasch je nach Situation und können auch sprunghaft schwanken. Aus diesem Grund werden für den Bereich der Verhaltensentwicklung deutlich häufigere Messungen (z.B. sogar mehrmals täglich) als im Bereich akademischer Kompetenzen empfohlen (Casale et al. 2015b). Auch wenn also die einzelne Messung sehr ökonomisch ist, ist die hochfrequente Messung deutlich unökonomischer.

Gleiches gilt, wenn Merkmale für alle SchülerInnen einer Klasse gemessen werden sollen. Die wenigen Items, die für sich genommen zwar ökonomisch sind, müssen für sehr viele SchülerInnen ausgefüllt werden, was wiederum sehr unökonomisch ist. Auch wenn wir glauben, dass verlaufsdiagnostische Methoden durchaus für alle SchülerInnen hilfreich sein könnten, erscheint es aus praktikablen Gründen unrealistisch anzunehmen, man könne sie im hektischen und eng getakteten Schulalltag immer für alle SchülerInnen ausfüllen. Aus diesem Grund denken wir, dass sich Aufwand und Ertrag in einem vernünftigen Rahmen bewegen müssen. Dieser Rahmen wird versucht, über mehrstufige Fördersysteme zu realisieren. Diese mehrstufigen Fördersysteme werden wir im Folgenden erläutern.

2.4 Mehrstufige Fördersysteme: Wie kann Verlaufsdiagnostik ökonomisch durchgeführt werden?

Grundidee jeglicher schulischer Pädagogik ist die Schaffung eines Lernangebots, das an die Lern- und Entwicklungsbedürfnisse der SchülerInnen angepasst ist. Das Ausmaß dieser Anpassung wird allerdings kontrovers diskutiert. Wir unterscheiden *konzeptuelle und pragmatische Argumente* der Kontroverse. Konzeptuell erscheint unstrittig, dass jedes Kind von einer stärkeren Differenzierung und Individualisierung profitieren würde. Aber in der allerstärksten Form der Individualisierung würden die SchülerInnen nur noch alleine statt gemeinsam arbeiten können, und somit wäre die für Schule und Inklusion so wichtige Gemeinsamkeit bedroht (Grosche 2015; Moser Opitz 2014; Prengel 2014; Wocken 2014). Somit muss das Ausmaß der Differenzierung konzeptuelle Grenzen haben. Pragmatisch wird es im Schulalltag wohl kaum möglich sein, jede Unterrichtsstunde *immer und für alle* SchülerInnen differenziert vorzubereiten und durchzuführen. Dies ist aber nicht immer problematisch, denn vermutlich werden nicht alle SchülerInnen immer auf differenzierte Lernangebote angewiesen sein. Für viele SchülerInnen eignen sich ähnliche Unterrichtsinhalte und -methoden.

Grundprinzipien mehrstufiger Fördersysteme: An diesen Argumenten setzen mehrstufige Fördersysteme an, die eine gestufte Differenzierung verlangen. Der Begriff „mehrstufiges Fördersystem" ist ein Sammelbegriff für verschiedene Modelle, die im Gesamtsystem einer Schule bzw. einer Schulklasse die Förderentscheidungen anhand förder- und prozessdiagnostischer Informationen treffen (Björn et al. 2016). Die Grundprinzipien bestehen über alle Systeme hinweg darin,

1. die Förderung von SchülerInnen stärker zu individualisieren,
2. personelle sowie materielle Ressourcen zeitökonomisch bei einer hohen Effektivität zu bündeln und
3. den organisatorischen Rahmen zur multiprofessionellen Unterstützung von SchülerInnen mit Lern- und Verhaltensproblemen zu bilden, ohne sich
4. auf SchülerInnen mit sonderpädagogischen Förderbedarfen zu beschränken (Grosche/Volpe 2013; Huber/Grosche 2012).

Häufig werden in solchen Fördersystemen drei Förderstufen unterschieden, die als pädagogische Konzepte zu verstehen sind (Abb. 3).

Abb. 3: Exemplarische Darstellung eines mehrstufigen Fördersystems mit drei Stufen

Förderstufe 1: Stufe 1 bezeichnet den regulären und bereits differenzierten Unterricht, in dem möglichst häufig Fördermethoden durchgeführt werden, für die es eine große externe wissenschaftliche Evidenz gibt. Natürlich werden diese Fördermethoden nicht für alle SchülerInnen passend sein. Daher werden z. B. dreimal pro Jahr statusdiagnostische Verfahren durchgeführt, um so SchülerInnen zu identifizieren, die eine andere Förderung benötigen. Diese SchülerInnen erhalten zusätzlichen Anspruch auf eine Förderung, die enger an ihren Bedürfnissen anknüpft (Förderstufe 2).

Förderstufe 2: Stufe 2 bezeichnet einen stärker differenzierten und individualisierten Unterricht, in dem Fördermethoden noch passender zu den Bedürfnissen der SchülerInnen ausgewählt werden. In kurzen Abständen wird die Passung der Fördermethoden durch verlaufsdiagnostische Methoden evaluiert. Wenn SchülerInnen auch nach mehrmaliger Adaption oder Änderung der Förderung keine Lernfortschritte zeigen, erhalten sie zusätzlichen Anspruch auf eine hoch-individualisierte Förderung in Stufe 3.

Förderstufe 3: Stufe 3 bezeichnet systematische Einzelfallhilfen, in denen ausführliche förderdiagnostische Informationen des Umfelds eingeholt werden, um Fördermethoden ganz gezielt für die Bedarfe des jeweiligen Schülers/der jeweiligen Schülerin zu entwickeln. Deren Passung wird wiederum durch verlaufsdiagnostische Methoden evaluiert.

Das Hinzufügen oder Entfernen der Förderung in Stufe 2 oder 3 erfolgt immer auf der Grundlage von diagnostischen Informationen. Hier werden also Förderung und Diagnostik stark miteinander verknüpft. Beispielsweise könnte eine Lehrkraft in Stufe 1 im Rahmen ihrer Klassenführung sehr präzise Klassenregeln diskutieren und vermitteln. Dreimal jährlich überlegt sie mithilfe systematischer Diagnostik, ob einige SchülerInnen weiterhin Probleme beim Regelerlernen haben. Diese SchülerInnen erhalten Anspruch auf eine höhere Unterstützung, z. B. mittels direktiven Feedbacks bezüglich ausgewählter Regeln. Der Erfolg dieser Förderung wird bei diesen SchülerInnen durch kurze und ökonomische Verlaufsdiagnostiken über den Förderzeitraum erfasst. Falls die Ergebnisse der Verlaufsdiagnostik darauf hinweisen, dass sich das Regelverhalten verbessert hat, wird das Feedback langsam zurückgefahren. Falls die Ergebnisse der Verlaufsdiagnostik jedoch darauf hinweisen, dass noch keine Verbesserung stattgefunden hat, würden einzelne SchülerInnen eine nochmals individualisiertere Förderung wie z. B. einen Verstärkerplan erhalten, dessen Erfolg wiederum durch Verlaufsdiagnostik begleitet würde.

Ein solches Vorgehen hat die Vorteile, dass pädagogische Entscheidungen weniger aus dem Bauch und mehr aufgrund von Daten getroffen werden, dass SchülerInnen relativ schnell passende Unterstützungen erhalten und die Förderung solange adaptiert wird, bis sie für ein Individuum passend wird. Dadurch kann auch der Entwicklung eines weitaus größeren Problems, z. B. einer klinischen Verhaltensstörung, vorgebeugt werden (Eklund/Dowdy 2014). Um solche datenbasierten Entscheidungen treffen zu können, werden in Stufe 1 statusdiagnostische Informationen und in den Stufen 2 und 3 prozessdiagnostische Informationen benötigt. Im vorliegenden Buch wollen wir mit der Direkten Verhaltensbeurteilung (DVB) eine verlaufsdiagnostische Methode vorschlagen, die in solchen mehrstufigen Fördersystemen angewendet werden könnte. Darüber hinaus könnte die DVB auch in praktischen Einzelfallhilfen und wissenschaftlichen Einzelfallstudien verwendet werden. Die praktische Anwendung der DVB wird im Folgenden ausführlich beschrieben.

3 Die Direkte Verhaltensbeurteilung als verlaufsdiagnostische Methode

Die praktische Umsetzung mehrstufiger Fördersysteme (siehe vorheriges Kapitel) erfordert prozessdiagnostische Methoden, die genutzt werden können, um den Fördererfolg auf den Stufen 2 und 3 zu evaluieren. Die Direkte Verhaltensbeurteilung (DVB) ist eine solche Methode für den Bereich des unterrichts- und schulrelevanten Verhaltens von SchülerInnen. In mehrstufigen Fördersystemen wird sie schwerpunktmäßig auf den Stufen 2 und 3 eingesetzt.

Doch was ist die DVB überhaupt? Was sind zentrale Merkmale der Methode? Wie kann sie zur Verlaufsdiagnostik in der Schule genutzt werden? Diese und weitere Fragen wollen wir in diesem Kapitel klären.

3.1 Was ist die Direkte Verhaltensbeurteilung?

Die DVB stellt eine Kombination der systematisch-direkten Verhaltensbeobachtung und der Verhaltensbeurteilung mit Ratingskalen dar (Christ et al. 2009). Beide Methoden sind in der Verhaltensdiagnostik etabliert. Die Idee der DVB ist es, die Stärken beider diagnostischen Herangehensweisen zu nutzen, um jeweils die Schwächen der anderen zu kompensieren. Im Folgenden wollen wir kurz beide diagnostische Methoden vorstellen, um anschließend die DVB als Hybridform beider Zugänge darzustellen.

Systematisch-direkte Verhaltensbeobachtung

Bei systematisch-direkten Verhaltensbeobachtungen wird ein konkretes Verhalten in einer konkreten Situation direkt, also quasi während des Auftretens des Verhaltens, beobachtet (z. B. Stemmler/Margraf-Stiksrud 2015). Hierzu ist es erforderlich, dass ein beobachtbares Verhalten so konkret und spezifisch wie möglich benannt wird (z. B. „Die Schülerin meldet sich", „Der Schüler bleibt auf seinem Platz sitzen", „Die Schülerin ruft in die Klasse"). Darüber hinaus sollte die Beobachtungssituation klar umgrenzt sein (z. B. eine Unterrichtsstunde) und in vergleichbare Beobachtungsintervalle (z.B. fünf Minuten) aufgeteilt werden (Spinath / Becker 2011). In dieser Beobachtungssituation wird dann für die festgelegten Intervalle die Intensität (Auftretenshäufigkeit oder Auftretenslänge) des spezifischen Verhaltens dokumentiert, z.B. anhand von Strichlisten. Ein solches Vorgehen wird auch als *time sampling* bezeichnet. In den hier genannten Beispielen könnte dementsprechend für alle fünf Minuten einer Unterrichtsstunde für eine / n Schüler / in dokumentiert werden, wie oft sie / er sich gemeldet hat. Anschließend erfolgt eine Auszählung und eine Auswertung der gezeigten Verhaltensweisen. Hiermit sei auf eine elementar wichtig Eigenschaft von systematisch-direkten Verhaltensbeobachtungen hingewiesen: die Dokumentation des Auftretens des Verhaltens und die Interpretation des Verhaltens werden strikt voneinander getrennt!

Testgüte von Beobachtungen

Durch diese Vorgehensweise weisen systematisch-direkte Verhaltensbeobachtungen eine hohe Testgüte auf (Schmidt-Atzert / Amelang 2012): Das Verhalten wird hochgradig objektiv erfasst, da die Datenerhebung durch eine reine Dokumentation erfolgt, die in der Regel unabhängig vom Beobachter / von der Beobachterin ist. Außerdem kann über systematisch-direkte Verhaltensbeobachtungen das Verhalten sehr zuverlässig und genau erfasst werden, da es durch klare Kriterien zur Verhaltensoperationalisierung zielgenau beobachtet werden kann.

Tatsächlich gibt es in der Verhaltensdiagnostik keine andere Methode, die in so hohem Maße den klassischen Testgütekriterien entspricht, wie die systematisch-direkte Verhaltensbeobachtung (Cone 1998).

Gleichzeitig weist diese Vorgehensweise aber einen entscheidenden Nachteil für den verlaufsdiagnostischen Einsatz im hektischen und eng getakteten Schulalltag auf (Casale et al. 2015b). Systematisch-direkte Verhaltensbeobachtungen sind nicht ökonomisch und ohne zusätzliche personelle Ressource nicht zur häufigen und hochfrequenten Umsetzung geeignet. Sie erfordern einen hohen Aufwand hinsichtlich der Vorbereitung (sorgfältige Auswahl der Verhaltenskriterien, Segmentierung der Beobachtungssituation, Vorbereiten von Material zur Datenerhebung), der Durchführung (ausschließliche Konzentration auf eine / n SchülerIn, zeitgleiche Beobachtung und Dokumentation des Verhaltens) sowie der Nachbereitung (Auszählen der Verhaltensweisen, Deutung und Interpretation des Verhaltens). Hinzu kommt, dass den BeobachterInnen häufig empfohlen wird, vor der tatsächlichen Datenerhebung ein Beobachtungstraining zu absolvieren, da dies die Güte der erhobenen Informationen enorm steigert (Spinath / Becker 2011).

Systematisch-direkte Verhaltensbeobachtungen weisen eine hohe Güte für Verhaltensmessungen auf. Für den häufigen und hochfrequenten Einsatz zur Verlaufsdiagnostik sind sie aufgrund mangelnder Ökonomie jedoch nicht geeignet.

Verhaltensbeurteilungen mit Ratingskalen

Eine zweite Möglichkeit zur Erfassung von konkretem Verhalten stellen Beurteilungsskalen dar. Bei Verhaltensbeurteilungen wird ein Verhalten anhand einer Skala mit verschiedenen Abstufungen über einen bestimmten Zeitraum beurteilt (Schmidt-Atzert/Amelang 2012). Häufig stehen hier spezifische Verhaltensweisen (z.B. „Melden bei Fragen", „Konzentriert arbeiten", „Selbstständig arbeiten"), die einer übergeordneten Verhaltensdimension zugeordnet werden können (z.B. in diesem Fall: lernbezogenes Verhalten), im Fokus des Interesses. Die Beurteilung erfolgt meist auf einer Likert-Skala, d.h., das Verhalten wird durch Zahlen, die eine inhaltliche Abstufung repräsentieren, eingeschätzt (z.B. 1 = das Verhalten wurde nicht gezeigt, 2 = das Verhalten wurde manchmal gezeigt, 3 = das Verhalten wurde immer gezeigt). Am Ende kann über die Bildung von Summen- oder Mittelwerten eine Aussage darüber getroffen werden, ob das Verhalten eine/r SchülerIn von einer Altersnorm abweicht, also im Vergleich zu einer großen Anzahl an Gleichaltrigen auffällig ist.

Durch diese Vorgehensweise ist die Verhaltensbeurteilung mit Ratingskalen sehr ökonomisch (Schmidt-Atzert/Amelang 2012). In der Regel dauert die Einschätzung einer Verhaltensweise auf einer Likert-Skala nur wenige Sekunden. Dadurch ist die grundsätzliche Vorgehensweise durchaus häufig und hochfrequent einsetzbar und gut für die Verlaufsdiagnostik geeignet.

Allerdings sind Verhaltensbeurteilungen mit Ratingskalen nicht nicht so genau wie systematische Verhaltensbeobachtungen. (Hoyt/Kerns 1999). Außerdem wird das Verhalten in der Regel über einen längeren Zeitraum (z.B. drei Monate) beurteilt. Verhalten kann jedoch stark situativ variieren und ist schnell veränderbar. Diese schnellen situativen Veränderungen sind durch Verhaltensbeurteilungen nur begrenzt abbildbar (Cone 1977). Verhaltensbeurteilungen mit Ratingskalen sind somit eher änderungsresistent.

Verhaltensbeurteilungen mit Ratingskalen sind hinsichtlich des Aufwands zur Umsetzung hervorragend für die Verlaufsdiagnostik in der Schule geeignet. Sie sind allerdings relativ resistent gegenüber kurzfristigen Veränderungen und können daher nicht für die Messung von engmaschigen Verhaltensverläufen eingesetzt werden.

Die Direkte Verhaltensbeurteilung

Die Direkte Verhaltensbeurteilung (DVB) ist eine Kombination aus der systematischen-direkten Verhaltensbeobachtung sowie den Verhaltensbeurteilungen mit Ratingskalen (Christ et al. 2009). Die Grundidee ist, dass diejenigen Elemente der Beobachtung, die für die hohe Testgüte verantwortlich sind (konkrete Operationalisierung des Verhaltens, Segmentierung der Beobachtungssituation), mit denjenigen Elementen der Beurteilungen mit Ratingskalen, die eine hohe Ökonomie gewährleisten (Likert-Skala mit definierten Kategorien), kombiniert werden. In der Umsetzung wird ein konkret operationalisierter Verhaltensausschnitt eine/r SchülerIn (z. B. konzentriertes Arbeiten) in einer Situation, in der dieses Verhalten relevant ist (z. B. Stillarbeitsphasen), beobachtet und unmittelbar im Anschluss an diese Situation anhand einer Ratingskala beurteilt. Die DVB bedient sich demnach also den Vorzügen beider diagnostischer Methoden, um das Verhalten der SchülerInnen ökonomisch, aber dennoch mit hoher Testgüte zu erfassen.

Grundsätzlich lassen sich zwei Formen der DVB unterscheiden: sogenannte Single-Item-Skalen (SI-Skalen) und Multiple-Item-Skalen (MI-Skalen) (Christ et al. 2009).

Single-Item-Skalen

SI-Skalen erfassen mit nur einem einzigen Item einen sehr breiten und übergeordneten Verhaltensbereich (z. B. Arbeitsverhalten, Störverhalten). Dies ist in der Praxis besonders dann nützlich, um bei SchülerInnen ein eher globales Verhaltensproblem zu beurteilen (Chafouleas et al. 2009; Miller et al. 2015). Interessiert sich eine Lehrkraft also für die Entwicklung eines übergeordneten Verhaltensbereichs bei ihren SchülerInnen, wäre die SI-Skala die Methode der Wahl.

Die SI-Skala eignet sich jedoch nur begrenzt dazu, sehr konkrete und spezifische Verhaltensweisen (z. B. „Sich melden", „Konzentriert arbeiten") zu erfassen.

Die Erfassung spezifischer Verhaltensmerkmale ist jedoch dann besonders hilfreich, wenn wenige, aber dafür sehr spezifische Verhaltensweisen von SchülerInnen das Ziel der Förderung darstellen. Für diese Zwecke kann eine MI-Skala mit drei bis fünf spezifischen Verhaltensweisen (z. B. „Die Schülerin beginnt selbstständig mit der Aufgabenbearbeitung.“, „Der Schüler beendet die Aufgaben in der vorgegeben Zeit.“) genutzt werden. Je nach Bedarfslage können die Ergebnisse der einzelnen Items einer MI-Skala individuell analysiert oder zu einem Summenscore addiert werden (Volpe / Briesch 2012).

Die Direkte Verhaltensbeurteilung (DVB) kombiniert die positiven Merkmale der systematisch-direkten Verhaltensbeobachtung mit den positiven Merkmalen von Verhaltensbeurteilungen mit Ratingskalen. Sie stellt also eine Kombination dieser beiden Ansätze dar. Grundlegend lassen sich mit den Single-Item-Skalen (SI-Skala) und den Multiplen-Item-Skalen (MI-Skala) zwei Formen der DVB unterscheiden.

3.2 Was sind zentrale Merkmale einer Direkten Verhaltensbeurteilung?

Die DVB hat drei zentrale Merkmale, die sich unmittelbar aus dem Namen ableiten lassen (Christ et al. 2009):

1. die Direktheit,
2. der Verhaltensbezug und
3. die Beurteilung.

Direktheit

Die Beurteilung des Verhaltens mit der DVB erfolgt direkt. Direktheit bezeichnet eine größtmögliche Nähe zur Beurteilungssituation. Interessiert z. B. das kooperative Verhalten von SchülerInnen in Gruppenarbeitsphasen, sollte die Beurteilung des kooperativen Verhaltens direkt im Anschluss an die Gruppenarbeitsphase erfolgen. Hierbei gilt der Grundsatz: Je näher die Beurteilung am tatsächlich aufgetretenen Verhalten liegt, desto genauer, zuverlässiger und gültiger gelingt die Erfassung des Verhaltens. Die Zeit, die zwischen dem Auftreten des Verhaltens und der Beurteilung liegt, wird auch als Latenz bezeichnet (Christ et al. 2009). DVB sollten also eine möglichst niedrige Latenz aufweisen (Casale et al. 2015b).

Als PraktikerIn stellt man sich nun zurecht die Frage, ob eine so zeitnahe Beurteilung im Schulalltag umsetzbar ist. Allerdings zeigt sich bei einer näheren Betrachtung der Umsetzung von DVB, dass der Mehraufwand überschaubar bleibt. Zum einen werden bei der DVB nur eine bis ungefähr fünf Verhaltensweisen durch Ankreuzen auf einer Skala beurteilt. Dies dauert nur wenige Sekunden. Zum anderen wird die Methode im Schulalltag nur für wenige SchülerInnen umgesetzt (mehrstufige Fördersysteme, Kap. 2). Die Bearbeitung einer DVB dauert also nur wenige Sekunden, so dass eine Umsetzung im Schulalltag relativ einfach möglich ist.

Verhaltensbezug

Die DVB erfasst konkretes Verhalten, d. h., dass ein zu beurteilendes Verhalten auch beurteilbar bzw. beobachtbar sein muss (Christ et al. 2009). Das interessierende Verhalten sollte also so spezifisch und konkret wie möglich operationalisiert werden. Tabelle 2 enthält Beispiele für unterschiedlich konkrete Verhaltensweisen.

Tab. 2: Ausgewählte Beispiele für wenig konkrete und sehr konkrete Formulierungen von Verhaltensweisen

wenig konkrete Formulierung	sehr konkrete Formulierung
sozial kompetentes Verhalten	andere ausreden lassen, freundlich sein, um Hilfe bitten und Hilfe anbieten
Unterrichtsbeteiligung	melden, den Blick auf die Lehrkraft richten, aufmerksam zuhören
störendes Verhalten	in die Klasse rufen, Widerworte geben, vom Platz aufstehen, Schimpfwörter benutzen

Eine spezifische Operationalisierung des Verhaltens mag auf den ersten Blick trivial erscheinen. Auf den zweiten Blick stellt sie allerdings eine große Herausforderung dar. So ließe sich beispielsweise das Item „Der Schüler verhält sich sozial kompetent." ohne nähere Erläuterung, was unter „sozial kompetent" zu verstehen ist, nur sehr schwer bis überhaupt nicht beobachten und dementsprechend auch nur sehr schwer beurteilen. Vielmehr würden verschiedene Personen unterschiedliche Beurteilungsmaßstäbe anlegen, und auch die gleiche

Person könnte an verschiedenen Tagen andere Maßstäbe von „sozial kompetentem Verhalten“ anlegen.

Außerdem wäre die Ökonomie der Methode gefährdet, da Lehrkräfte vor ihrem Urteil möglicherweise einige Zeit darüber nachdenken müssten, was unter „sozial kompetent“ zu verstehen ist und inwiefern dies auf SchülerInnen in einer bestimmten Situation zutrifft. Die Beurteilung der Items „Der Schüler lässt andere ausreden.“, „Der Schüler ist freundlich zu seinen Mitmenschen.“ und „Der Schüler bittet in angemessener Weise um Hilfe.“ sind hingegen gut beobachtbar, so dass deren Beurteilung um ein Vielfaches leichter fallen könnte. Bei der DVB handelt es sich allerdings dennoch um eine Beurteilung, so dass immer ein gewisser Interpretationsspielraum (z.B. hinsichtlich der Definition von „freundlich“ oder „angemessen“) vorhanden ist.

Beurteilung

Die DVB erfasst das Verhalten durch eine Beurteilung. Dies bedeutet, dass ein gezeigtes Verhalten von einer Person beurteilt wird (Schmidt-Atzert/Amelang 2012). Die beurteilende Person (häufig auch englischsprachig als Rater bezeichnet) nimmt also direkt eine Einschätzung über die Häufigkeit oder Intensität des gezeigten Verhaltens vor – ohne vorher das Verhalten genau dokumentiert zu haben. Das Überspringen dieses Arbeitsschrittes erspart sehr viel Zeit. So benötigt man für das Ankreuzen einer Skala lediglich wenige Sekunden, wohingegen die Dokumentation, Auszählung und Interpretation des Verhaltens mehrere Stunden, wenn nicht sogar Tage dauern würde.

Gleichzeitig stellen Beurteilungen auch eine praktische Herausforderung dar, da die Einschätzungen des Verhaltens immer bis zu einem bestimmten Grad subjektiv bleiben (Schmidt-Atzert/Amelang 2012). Es bestehen zweifellos Unterschiede zwischen dem, was Menschen unter „freundlich“ oder „angemessen“ verstehen. Dieser Aspekt beeinflusst die Umsetzung und Interpretation der DVB, wie wir im Kapitel 4 näher erläutern werden.

3.3 Was sind Grundprinzipien der Direkten Verhaltensbeurteilung?

Die Entwicklung, Anwendung und Auswertung der DVB wird von vier Prinzipien geleitet: Ökonomie, Flexibilität, Wiederholbarkeit und psychometrische Qualität. Für Lehrkräfte, die die Methode in der Praxis anwenden wollen, sind diese Grundprinzipien wichtig, da sie praktische Entscheidungen erleichtern können, z. B. ob eine SI-Skala oder eine MI-Skala genutzt wird, in welcher Situation beurteilt werden soll oder wer die Beurteilung vornimmt.

Grundprinzip der Ökonomie

Die Ökonomie stellt ein wichtiges Kriterium diagnostischer Methoden dar (Bühner 2011).

Eine diagnostische Methode ist dann ökonomisch, wenn sie in der Durchführung und Auswertung leicht anwendbar ist, eine Testzeit aufweist, die im Verhältnis zum Ertrag angemessen ist und so wenig Material wie nötig nutzt (Casale et al. 2015b).

Insbesondere bei der Verlaufsdiagnostik stellt die Ökonomie ein wichtiges Kriterium dar, da häufige Messzeitpunkte (z. T. mehrmals täglich) umgesetzt werden sollen (Kap. 2). Dies kann im Schulalltag durch kurze und schnelle Verfahren, die wenig personale Ressourcen erfordern, umgesetzt werden. Im Kontext von Verlaufsdiagnostik meint Ökonomie auch eine enge Kopplung der Ergebnisse an geeignete pädagogische Handlungsmaßnahmen, d. h., Lehrkräfte können die Ergebnisse der Verlaufsdiagnostik im besten Falle direkt für eine Einschätzung über den Fördererfolg nutzen.

Die DVB entspricht den genannten Kriterien und stellt daher ein ökonomisches Verfahren dar. Die Testdurchführung besteht aus dem Ankreuzen von Kategorien auf einer Skala. Die Auswertung besteht aus dem reinen Auszählen (man könnte fast schon sagen: abschreiben) der angekreuzten Werte bzw. aus dem Addieren von drei bis fünf Werten. Dies ist ohne großen Aufwand und ohne ausführliche Schulung umsetzbar. Weiterhin ist die DVB sehr zeitökonomisch, da sowohl die Durchführung als auch die Auswertung für eine/n SchülerIn in weniger als fünf Minuten umsetzbar ist. Trotz der geringen Testzeit ist der Ertrag der Methode sehr hoch, da man Informationen über den Verhaltensverlauf und damit über die intraindividuelle Verhaltensentwicklung einer Schülerin/eines Schülers erhält. Diese Information kann zur Förder- und Unterrichtsplanung genutzt werden (Kap. 5).

Da die DVB so ökonomisch ist, kann sie bis zu mehrmals täglich umgesetzt werden. Auch können die beurteilten Verhaltensweisen so formuliert werden, dass sie unmittelbar mit einer Förderung verknüpft werden können, z. B. wenn ein Verhaltensziel aus einem Verstärkerplan einer Schülerin/eines Schülers gleichzeitig das Zielitem der Verlaufsdiagnostik darstellt (Kap. 5).

Grundprinzip der Flexibilität

Die DVB ist im Gegensatz zu vielen statusdiagnostischen Methoden sehr flexibel, da sie für verschiedene Zwecke, in verschiedenen Situationen, von verschiedenen Personen und für verschiedene Verhaltensdimensionen eingesetzt werden kann (Christ et al. 2009).

So wäre die DVB möglicherweise einsetzbar, um die Ausprägung des konzentrierten Verhaltens in Arbeitsphasen im Mathematikunterricht einer Schülerin/eines Schülers zu erfassen. Auch könnte man eine DVB einsetzen, um zu erfassen, inwiefern sich das störende und impulsive Verhalten von SchülerInnen in Übergangsphasen durch einen Verstärkerplan verbessern lässt. Weiterhin wäre es denkbar, dass eine DVB eingesetzt wird, um das kooperative Verhalten einer Schülerin/eines Schülers in Gruppenarbeitsphasen zu erfassen. Die Beurteilungen könnten dabei durch die Lehrkraft, SchulsozialarbeiterIn oder SchülerInnen selbst erfolgen.

Grundprinzip der Wiederholbarkeit

Die Wiederholbarkeit stellt ein entscheidendes Kriterium der Verlaufsdiagnostik dar, da sie die Voraussetzung zur Erfassung von Verläufen über die Zeit ist.

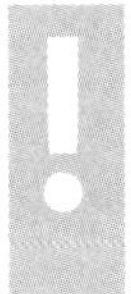

Erst, wenn ein diagnostisches Verfahren in der exakt gleichen Form in vergleichbaren Situationen aufeinanderfolgend eingesetzt werden kann, ist es wiederholbar und somit für die Verlaufsdiagnostik geeignet.

Die DVB ist wiederholbar, d. h., sie ist in der exakt gleichen Form (z. B. SI-Skalen zum lernförderlichen Verhalten) in vergleichbaren Situationen (z. B. die Bearbeitung eines Arbeitsblattes im Mathematikunterricht) von der identischen Person (z. B. der Lehrkraft) aufeinanderfolgend einsetzbar. Damit ist sie geeignet, Zeitreihendaten zu erheben, und ermöglicht somit Aussagen über die Entwicklung eines interessierenden Verhaltens über diese Zeit.

Grundprinzip der psychometrischen Güte

Ein weiteres Grundprinzip der DVB ist die psychometrische Güte. Sehr grob bezeichnet die Psychometrie die Messbarkeit von psychologischen Merkmalen. Sie befasst sich im Kern mit der Frage, inwiefern solche psychologischen Merkmale unter welchen Bedingungen am besten gemessen werden können.

Psychometrische Güte liegt grundsätzlich dann vor, wenn eine Messmethode (z.B. ein Entwicklungstest) ein Merkmal zuverlässig, genau, objektiv und gültig erfasst. Ist dies der Fall, sind die Kriterien der Reliabilität (Zuverlässigkeit), der Akkuratheit (Genauigkeit), der Objektivität und der Validität (Gültigkeit) erfüllt.

Ein Test ist *zuverlässig*, wenn die gemessenen Werte über verschiedene Bedingungen (z.B. mehrere Personen, mehrere Situationen) eine ähnliche Ausprägung haben.

Ein Test ist *akkurat*, wenn die gemessenen Werte die tatsächliche Ausprägung eines Merkmals (z.B. wie viele Minuten ein/e SchülerIn konzentriert auf ihr/sein Arbeitsblatt geguckt hat) möglichst exakt wiedergeben.

Ein Test ist *objektiv*, wenn seine Durchführung, Auswertung und Interpretation unabhängig vom Testleiter/der Testleiterin sind.

Ein Test ist *valide*, wenn die gemessenen Werte zu Schlussfolgerungen führen, die durch die Art und Weise, wie sie zustande gekommen sind auch tatsächlich zulässig sind (z.B. die Annahme darüber, dass ein Anstieg der Minuten, die ein/e SchülerIn auf sein Arbeitsblatt guckt ein Ausdruck einer Verbesserung des lernförderlichen Verhaltens darstellt).

Während sich die bisher vorgestellten Grundprinzipien theoretisch und konzeptionell ableiten lassen, muss die psychometrische Qualität eines diagnostischen Verfahrens empirisch anhand von Studien geprüft werden. Dies stellt bei der DVB eine große Herausforderung dar, da sie – wie erwähnt – in verschiedenen Situationen von verschiedenen Personen für verschiedene Verhaltensweisen angewendet wird. Aus diesem Grund kann eine Überprüfung der Reliabilität, der Akkuratheit, der Objektivität und der Validität nur durch mehrere Studien unter unterschiedlichen Bedingungen erfolgen.

Insgesamt liegen einige Arbeiten vor, die zentrale Ergebnisse von Studien mit unterschiedlichen Schwerpunkten zusammenfassen (Casale et al. 2019; Casale 2017; Casale et al. 2015c; Chafouleas 2011; Christ et al. 2009; Huber/Rietz 2015). Am häufigsten wurde die Reliabilität, also die Zuverlässigkeit über verschiedene

Bedingungen geprüft. Diese konnte für verschiedene Bedingungskonstellation nachgewiesen werden, so bspw. auch für mehrere beurteilende Personen, was im Kontext von Verhaltensbeurteilung ein Indikator für Objektivität ist. Auch die Akkuratheit (über Vergleiche mit hoch-standardisierten Beobachtungsmethoden) sowie die Validität (über Vergleiche mit Verfahren, die ähnliche Verfahrensweisen erfassen) konnten geprüft und bestätigt werden.

An dieser Stelle wird auf eine ausführliche Darstellung der Ergebnisse aus Gründen der Übersichtlichkeit verzichtet. Hierfür sei auf die genannten Überblicksarbeiten verwiesen. In Kapitel 4 werden wir allerdings die Befunde aus den Studien in eine „Schritt-für-Schritt"-Anleitung für die Umsetzung überführen und Empfehlungen aussprechen, die maßgeblich auf Studien zur Prüfung der psychometrischen Qualität basieren.

Deutschsprachige Literaturempfehlung für einen Überblick zur psychometrischen Güte der DVB:

Casale, G. (2017): „Nützt es was oder nützt es nichts?" – Direct Behavior Rating (DBR) als diagnostische Methode zur zeitnahen Überprüfung des Fördererfolgs bei unterrichtlichem Schülerinnen- und Schülerverhalten. Potsdamer Zentrum für empirische Inklusionsforschung (ZEIF), 1

Huber, C., Rietz, C. (2015): Direct Behavior Rating (DBR) als Methode zur Verhaltensverlaufsdiagnostik in der Schule: Ein systematisches Review von Methodenstudien. Empirische Sonderpädagogik, 75–98

3.4 Wofür kann die Direkte Verhaltensbeurteilung angewendet werden?

In diesem Teilkapitel möchten wir den Anwendungsbereich der DVB dahingehend erweitern, dass wir darstellen, in welchen praktischen Kontexten die Beschreibung einer Verhaltensentwicklung hilfreich sein kann. Die DVB kann in drei zentralen praktischen Kontexten angewendet werden:

1. im diagnostischen Kontext für die Überprüfung des Verhaltensverlaufs von Kindern und Jugendlichen,
2. im Kontext der Förderplanung als Förder- und Evaluationsmethode und
3. im Beratungskontext für Gespräche mit Eltern, KollegInnen sowie SchülerInnen.

Diagnostik: Erfassung von Verhaltensverläufen

Die DVB kann als diagnostisches Instrument zur Erfassung von Verhaltensverläufen eingesetzt werden. Damit handelt es sich bei der DVB um ein Verfahren der Verhaltensverlaufsdiagnostik. Unter verlaufsdiagnostischen Instrumenten sind Verfahren zu verstehen, die zuverlässig und ökonomisch im pädagogischen Alltag häufig und in hoher Frequenz angewendet werden, so dass die Ergebnisse sehr zeitnah eine Einschätzung über den Erfolg einer Förder- oder Unterrichtsmaßnahme erlauben (Huber/Grosche 2012). Die Ergebnisse werden für Entscheidungen über die Weiterführung oder Modifikation einer Förderung genutzt. Die Entwicklungsverläufe der SchülerInnen werden über den zeitlichen Verlauf anhand der individuellen Bezugsnorm abgebildet. Eine solche Herangehensweise ermöglicht eine frühzeitige und rechtzeitige Handlungsfähigkeit in Bezug auf die Planung und Umsetzung von Unterrichts- und Fördermaßnahmen: Wird in der Verlaufsdiagnostik eine positive Entwicklung nachgewiesen, wird die Förderung fortgeführt. Lässt sich jedoch keine positive Entwicklung während der Förderung nachweisen, wird die Förderung besser auf die Lernbedürfnisse des Kindes ausgerichtet (Grosche 2014; Huber/Grosche 2012, vgl. auch Kapitel 2).

Die Anwendung der DVB im diagnostischen Kontext am Fallbeispiel Sam

BEISPIEL

Die Ergebnisse des Unterrichtsprotokolls (Kap. 1) zeigen, dass **Sam** massive Probleme hat, längere Zeit konzentriert zu arbeiten und an seinem Platz sitzen zu bleiben. Seine Lehrerin überlegt sich ein Verstärkersystem, bei dem Sam nach jeder Unterrichtsstunde, in der es ihm gelingt, mindestens fünf Minuten konzentriert zu arbeiten und dabei auf seinem Platz sitzen zu bleiben, zur Belohnung am darauffolgenden Tag den Tagesablauf vor der Klasse verlesen darf. Um zu überprüfen, ob sich Sams Verhalten während der Umsetzung dieser Methode verbessert, beginnt sie eine Woche *vor* der Einführung des Verstärkersystems mit der Umsetzung der DVB. So kann sie Sams Verhalten vor der Einführung des Verstärkerplans mit seinem Verhalten nach der Einführung des Verstärkersystems direkt vergleichen.

Seine Lehrerin nutzt eine MI-Skala mit zwei Items: „Sam arbeitet konzentriert an seiner Aufgabe.“ und „Sam bleibt auf seinem Platz sitzen.“ Auf einer vierstufigen Ratingskala (0 = trifft nicht zu, 1 = trifft selten zu, 2 = trifft häufig zu, 3 = trifft immer zu) beurteilt sie zweimal täglich, wie häufig das Verhalten in individuellen Stillarbeitsphasen von Sam gezeigt wurde. Die Lehrerin beurteilt das Verhalten immer unmittelbar im Anschluss an die jeweilige Unterrichtsstunde. Nachdem das Verstärkersystem zwei Wochen lang umgesetzt wurde, stellt die Lehrerin fest, dass es Sam immer häufiger gelingt, fünf Minuten zu arbeiten und dabei auf seinem Platz sitzenzubleiben. Sie zieht also den Schluss, dass sich Sams Verhalten während der Förderung positiv entwickelt hat.

Dieses Beispiel stellt *eine* mögliche Anwendung der DVB zur Verlaufsdiagnostik in der Schule dar. Im Kapitel 5 stellen wir weitere Möglichkeiten vor. Außerdem werden wir im Kapitel 4 die Auswertungsmethoden zur Beantwortung der Frage, ob eine Förderung erfolgreich war oder nicht, detaillierter thematisieren.

Förderplanung: Intervention und Evaluation

Ein zusätzliches Anwendungsfeld der DVB im schulischen Kontext stellt die Förderplanung dar. Bei der Förderplanung handelt es sich um einen „Prozess des Erstellens, Umsetzens, Evaluierens und Fortschreibens individueller Förderpläne" (Popp et al. 2017, 47). Dies erfolgt in verschiedenen Schritten, die sich in die Phasen der Problemidentifikation und – analyse, Maßnahmenplanung, -einführung und -evaluation gliedern lassen (Volpe/Fabiano 2013).

Die DVB kann in diesem Prozess in zwei Schritten angewendet werden. Erstens kann sie zur Evaluation von Maßnahmen zur Verhaltensförderung genutzt werden (Kap. 3.4). Durch die Verlaufsdiagnostik und die damit verbundene Prüfung der individuellen Wirksamkeit einer Förderung können Förderpläne evaluiert werden.

Zweitens kann die DVB selbst als Fördermaßnahme zur Verhaltensmodifikation angewendet werden (Chafouleas et al. 2002). Hierbei wird das Verhalten, das beurteilt wird, in Absprache mit den SchülerInnen in positiv formulierte Verhaltensregeln überführt. Zusätzlich wird ein Verstärkersystem für gezeigtes positives Verhalten vereinbart. Das Einhalten dieser Verhaltensregeln wird dann täglich überprüft und verstärkt. Dieses Vorgehen wird in Abgrenzung zum eher diagnostisch geprägten Begriff DVB als Daily Behavior Report Card (Volpe/Fabiano 2013) bzw. als Tägliche Verhaltenskarte bezeichnet. Der Vorteil dieser Förderung ist, dass die vergebenen Verstärker gleichzeitig auch ein Indikator für den Fördererfolg sein können (Chafouleas et al. 2002).

Die Anwendung der DVB im Kontext der Förderplanung am Fallbeispiel Sam

BEISPIEL

Die Ergebnisse des Unterrichtsprotokolls zeigen, dass **Sam** massive Probleme hat, längere Zeit konzentriert zu arbeiten und an seinem Platz sitzen zu bleiben. Die Lehrerin überlegt, wie sie Sam unterstützen kann, damit es ihm gelingt, konzentriert zu arbeiten und an seinem Platz sitzen zu bleiben. In einem Fachbuch liest sie von der Methode der Täglichen Verhaltenskarte, von der sie in einem anderen Kontext schon unter dem Namen DVB gehört hat. Sie entschließt sich, diese Maßnahme bei Sam auszuprobieren.

Gemeinsam mit Sam spricht sie über die Probleme im lernförderlichen Verhalten. Sie schlägt Sam zwei Regeln vor, die ihm helfen sollen, wieder besser lernen zu können:

1 Ich arbeite fünf Minuten konzentriert an meiner Aufgabe.
2 Während der Stillarbeit bleibe ich auf meinem Platz sitzen.

Sam ist mit den Regeln einverstanden und handelt aus, dass er immer, wenn er sich an die Regeln hält, am darauffolgenden Tag den Tagesablauf vor der gesamten Klasse verlesen darf. Damit Sam immer an seine Regeln erinnert wird, erstellt die Lehrerin eine Karte, auf der die beiden Verhaltensziele aufgeschrieben sind und nach jeder Stillarbeitsphase mit einem lachenden oder weinenden Smiley beurteilt werden können (Abb. 4).

Tägliche Verhaltenskarte für Sam — Datum: 25/03/2019

	1. Stunde	**2. Stunde**	**3. Stunde**	**4. Stunde**
Ich arbeite fünf Minuten konzentriert an meiner Aufgabe	☺ ☹	☺ ☹	☺ ☹	☺ ☹
Während der Stillarbeit bleibe ich auf meinem Platz sitzen.	☺ ☹	☺ ☹	☺ ☹	☺ ☹

Anmerkungen: ____________________

Belohnung: Sam darf den Tagesablauf vor der gesamten Klasse vorlesen.

Abb. 4: Beispiel einer Täglichen Verhaltenskarte für Sam

Dieses Beispiel stellt *eine* mögliche Anwendung der DVB als Maßnahme der Verhaltensmodifikation in der Schule dar. Im Kapitel 5 stellen wir weitere Möglichkeiten der Verhaltensmodifikation einschließlich theoretischer Grundlagen vor.

Beratung: Gespräche mit Eltern, SchülerInnen und KollegInnen

In der Schule wird in verschiedensten Kontexten beraten. Lehrkräfte führen Gespräche mit den SchülerInnen, mit deren Eltern und mit KollegInnen. Häufig geht es darum, über ein Problem zu sprechen und eine Lösung für dieses Problem zu finden (Diouani-Streek 2014). So sprechen Lehrkräfte mit ihren SchülerInnen beispielsweise darüber, warum die Hausaufgaben seit zwei Wochen nicht mehr erledigt werden und was getan werden muss, damit dies wieder regelmäßig erfolgt. Das gleiche Thema könnte auch Gegenstand eines Beratungsgespräches mit Eltern sein. Mit KollegInnen werden z. B. Gespräche über die SchülerInnen geführt, um herauszufinden, ob die gleichen Problemlagen auch bei anderen Lehrkräften auftreten und wie man gemeinsam das Problem angehen kann.

Ein wesentliches Merkmal der Gesprächsführung in diesen Beratungsanlässen ist eine möglichst sachliche und rationale Argumentationsstruktur, d. h., die Problemlösung erfolgt über die Vermittlung von Sachinformationen (Diouani-Streek 2014). Insbesondere in diesem Kontext kann die DVB eingesetzt werden, da sie eine Datengrundlage schafft, die in einem Gespräch Sachinformationen vermitteln kann.

In der Regel wird die DVB eingesetzt, um Informationen über den Verhaltensverlauf einer Schülerin/eines Schülers zu sammeln. Ein solches Sammeln von Informationen ist im schulischen Kontext meist dann relevant, wenn das Verhalten in irgendeiner Art und Weise ein Problem darstellt, für das eine Lösung gefunden werden muss. Die Problemlösung erfolgt im besten Falle über die Implementation einer passenden Fördermaßnahme. Doch gerade, um diese zu planen und umzusetzen, ist es erforderlich, Gespräche mit verschiedenen Personengruppen zu führen, die am Entwicklungsprozess des Kindes bzw. des Jugendlichen beteiligt sind. Dies sind im schulischen Kontext hauptsächlich die SchülerInnen selbst, deren Eltern sowie KollegInnen. Die DVB liefert in solchen Beratungsanlässen Sachinformationen in Form von Daten über den Verhaltensverlauf des Kindes bzw. Jugendlichen und kann somit einer unangemessenen Emotionalisierung im Beratungsgespräch entgegenwirken.

Die Anwendung der DVB im Kontext der Beratung am Fallbeispiel Sam

BEISPIEL

Die Ergebnisse des Unterrichtsprotokolls zeigen, dass **Sam** massive Probleme hat, längere Zeit konzentriert zu arbeiten und an seinem Platz sitzen zu bleiben. Die Lehrerin möchte gerne eine Förderung einsetzen, um die Probleme in Sams Verhalten zu verbessern. Sie würde gerne einen individuellen Verstärkerplan für Sam entwerfen, der zum einen in ihrem Unterricht, aber zum anderen auch im Unterricht mit anderen KollegInnen angewendet wird. Zusätzlich würde sie gerne die Eltern in die Arbeit einbeziehen, so dass diese über Sams Verhalten in der Schule informiert sind und bei positivem Verhalten zusätzliches Lob aussprechen können. Zur Planung der Förderung terminiert die Lehrerin jeweils einen Gesprächstermin mit zwei KollegInnen, die ebenfalls in der Klasse unterrichten, mit den Eltern sowie mit Sam selbst.

Die Lehrerin vermutet, dass bei den GesprächspartnerInnen das Problem mit Sams Verhalten unterschiedlich wahrgenommen werden könnte. Daher möchte sie vor den Gesprächen mit einer DVB die Ausgangslage von Sams Verhalten in Arbeitsphasen im Unterricht erfassen. Die Lehrerin nutzt die bereits beschriebene MI-Skala mit zwei Items. Zusätzlich bittet sie ihre beiden KollegInnen, in vergleichbaren Unterrichtsphasen Sams Verhalten mit der DVB einzuschätzen.

Die Ergebnisse der LehrerInnen nach zwei Wochen Datenerhebung zeigen übereinstimmend, dass es Sam kaum gelingt, konzentriert zu arbeiten und er ständig unerlaubt seinen Platz verlässt. Durch eine grafische Aufbereitung wird dieser Befund besonders deutlich. Die Lehrerin nimmt diesen Grafen mit in die Beratungsgespräche, um gemeinsam mit den Eltern darüber zu beraten, wie Sams Verhalten in der Schule durch eine individuelle Förderung verbessert werden könnte.

4 Die Direkte Verhaltensbeurteilung: Schritt für Schritt

Bei der DVB handelt es sich um eine diagnostische Methode, deren Umsetzung zwar ökonomisch, aber trotzdem nicht trivial ist. Durch ihre Flexibilität ist die DVB in multiplen Kontexten für verschiedene Verhaltensweisen nutzbar, so dass es einer gewissen Struktur bei der Umsetzung bedarf. In diesem Kapitel stellen wir daher die praktische Umsetzung der Direkten Verhaltensbeurteilung in sieben Schritten praxisnah dar (Abb. 5).

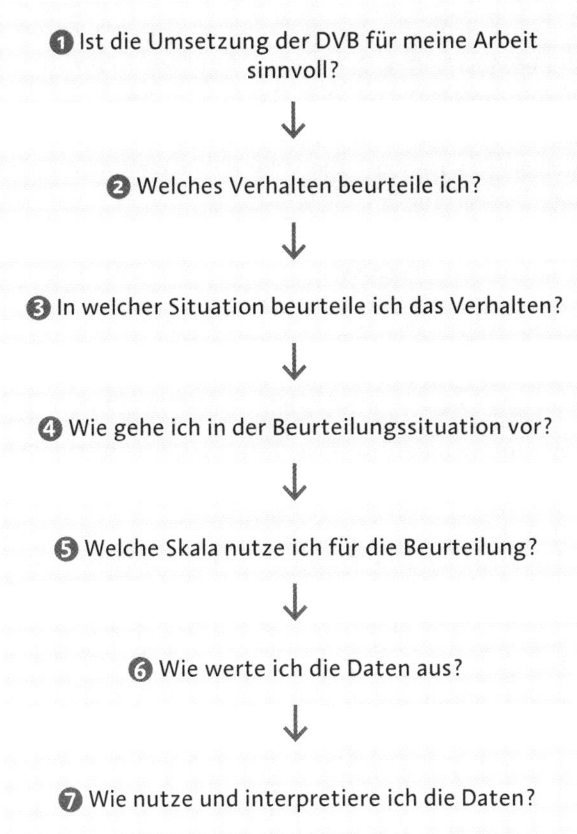

Abb. 5: Die sieben Schritte zur Umsetzung der DVB

4.1 Schritt 1: Ist die Umsetzung der Direkten Verhaltensbeurteilung für meine Arbeit sinnvoll?

Die DVB stellt zwar eine ökonomische diagnostische Methode dar (Kap. 3.3), ihre Umsetzung ist dennoch ein zusätzlicher Aufwand. Daher sollte vor dem Einsatz geprüft werden, ob die Anwendung der DVB für die eigene pädagogische Arbeit einen Mehrwert bringt. In den folgenden zwei pädagogisch-praktischen Szenarien kann die Umsetzung der DVB die Förderung von SchülerInnen bereichern:

Szenario 1: Die/der SchülerIn zeigt der subjektiven Wahrnehmung der Lehrkraft nach eine negative Verhaltensentwicklung. Die Lehrkraft möchte wissen, ob diese Wahrnehmung richtig ist und – falls sich der Verdacht bestätigt – in welcher Ausprägung das Problem vorliegt. Die DVB kann hier genutzt werden, um zu erfassen, in welchen Situationen und in welchem Ausmaß das Verhalten problematisch ist. Die Ergebnisse könnten genutzt werden, um eine subjektive Vermutung systematisch zu prüfen, ein mögliches Problem genauer zu beschreiben und weitere pädagogische Schritte (z. B. die Anwendung standardisierter Diagnostik oder Bereitstellung eines Förderangebots) zu planen.

Szenario 2: Für einzelne SchülerInnen wird eine gezielte Verhaltensförderung angeboten. Die Lehrkraft möchte wissen, ob sich das Verhalten der betroffenen SchülerInnen nach der Einführung der Förderung verbessert hat. Die DVB kann hier erfassen, ob die Förderung den gewünschten Erfolg bringt. Die Ergebnisse der DVB würden also genutzt, um den Erfolg einer Fördermethode zu beurteilen.

Während es im ersten Fall um eine systematische Erfassung des Verhaltens unter Berücksichtigung situativer Komponenten zur Planung des weiteren pädagogischen Vorgehens geht, handelt es sich im zweiten Fall um die Evaluation einer konkreten Förderung.

Die DVB eignet sich insbesondere für die Anwendung im zweiten Fall, um zu überprüfen, ob ein pädagogisches Angebot zu einer Verbesserung im Verhalten geführt haben könnte.

Die Umsetzung der DVB hat dann einen praktischen Mehrwert, wenn die Lehrkraft Informationen über die Entwicklung des Verhaltens von SchülerInnen über einen definierten Zeitraum in spezifischen Situationen benötigt, um die pädagogischen Angebote zu planen und zu evaluieren.

Im Folgenden möchten wir den Einsatz von DVB für die beiden genannten pädagogisch-praktischen Szenarien darstellen.

Szenario 1: Zeigt ein/e SchülerIn Probleme im Verhalten?

Die Wahrnehmung von menschlichem Verhalten ist immer subjektiv. Dementsprechend unterscheidet sich auch der Grenzwert, ab wann eine Person ein Verhalten als problematisch bzw. als störend einschätzt. Beispielsweise könnte eine Lehrkraft das „In-die-Luft-Gucken" von SchülerInnen bereits als auffällig einschätzen, während eine andere Lehrkraft dieses Verhalten nicht einmal wahrnimmt.

Wenngleich sich die subjektive Wahrnehmung von Verhalten als Abweichung von „zeit- und kulturspezifischen Erwartungsnormen" (Myschker/Stein 2014, 44) von Mensch zu Mensch unterscheidet, zeigen Studien zur Wahrnehmung von Unterrichtsstörungen in der Schulklasse, *dass* jede Lehrkraft in ihrer/seiner Lerngruppe derartige Störungen wahrnimmt (z.B. Makarova et al. 2014). *Was* jedoch als störend wahrgenommen wird, unterscheidet sich.

Generell gilt: Wenn eine Lehrkraft in der Praxis ein Verhalten als störend wahrnimmt, dann sollte dies ernst genommen werden. Aus zwei Gründen ist es für die praktische Arbeit dennoch wichtig, anhand einer systematischen Erfassung der Ausgangslage zu überprüfen, ob sich die subjektive Wahrnehmung durch die Anwendung objektivierbarer Kriterien bestätigen lässt:

1 das mögliche Nicht-Erkennen von beeinträchtigenden Verhaltensweisen und
2 das mögliche Pathologisieren zwar auffälliger, aber nicht beeinträchtigender Verhaltensweisen.

Nicht-Erkennen beeinträchtigender Verhaltensweisen

Verhaltensstörungen bei Kindern und Jugendlichen entstehen nicht über Nacht und aus heiterem Himmel, sondern sie sind ein Ergebnis eines mehrjährigen und multifaktoriell bedingten Entstehungsprozess (z.B. Beelmann/Raabe 2007;

Döpfner et al. 2013). In diesen Prozessen werden bereits früh Verhaltensweisen gezeigt, die problematisch sind und auf ein Risiko hinweisen, allerdings noch keiner klinischen Störung entsprechen. Werden diese Verhaltensweisen frühzeitig mit einer pädagogischen Förderung reduziert, kann in vielen Fällen der Entstehung einer manifesten und klinisch relevanten Verhaltensstörung vorgebeugt werden (Klasen et al. 2016).

Die Voraussetzung für eine frühzeitige schulische Förderung ist allerdings, dass risikobehaftete Verhaltensweisen auch frühzeitig erkannt werden. Allerdings haben viele Lehrkräfte eine recht hohe Belastungsgrenze, und Verhaltensweisen werden häufig erst dann als problematisch wahrgenommen werden, wenn sie bereits den Kriterien einer Störung entsprechen (Huber/Grosche 2012). Außerdem gibt es problematische Verhaltensweisen (z.B. depressives oder ängstliches Verhalten), die nach innen gerichtet (sog. internalisierende Verhaltensweisen) und daher besonders schwer zu erkennen sind. In diesem Fall eignen sich systematische Beurteilungshilfen, um risikobehaftete Verhaltensprobleme rechtzeitig zu erkennen und entsprechende Förderangebote daran auszurichten.

Pathologisieren nicht beeinträchtigender Verhaltensweisen

Das beschriebene Problem des „Nicht-Erkennens" problematischer Verhaltensweisen lässt sich auch umkehren. In der Praxis kann es schnell passieren, dass Verhaltensweisen von SchülerInnen als sie selbst oder ihre Umwelt beeinträchtigend eingestuft werden, wenn sie es in Wirklichkeit eigentlich überhaupt nicht sind. Dies gilt insbesondere für externalisierende Problemverhaltensweisen, wie z.B. Aufmerksamkeitsstörungen oder aggressives Verhalten, deren Häufigkeit von vielen Lehrkräften im Mittel um das Fünffache überschätzt werden können (z.B. Havey et al. 2005).

Diese Überschätzung kann entweder mit einer für das Kind/den Jugendlichen leichten oder schweren Folge verbunden sein. Eine leichte Folge wäre, wenn ein/e SchülerIn bei einem tatsächlich weniger problematischen Verhalten eine zusätzliche pädagogische Förderung in der Schule bekommt. Eine schwere Folge wäre, wenn bei SchülerInnen ein diagnostischer Prozess zur Feststellung einer klinisch relevanten Störung eingeleitet wird, sie oder er sich mit einer Vielzahl sehr fordernder Situationen (Testsituationen, Gesprächssituationen mit fremden Personen, drohende Stigmatisierung) konfrontiert sieht und im schlimmsten Falle eine Diagnose gestellt wird, die mit Therapien, Interventionen und Medikation einhergeht. In diesem Fall eignen sich systematische Beurteilungshilfen, um zu überprüfen, ob das als störend wahrgenommene Verhalten tatsächlich vom durchschnittlichen Verhalten der Gleichaltrigengruppe abweicht.

DVB als systematische Beurteilungshilfe

Prinzipiell eignen sich – neben der DVB – auch eher klassische diagnostische Zugänge (z. B. standardisierte Testverfahren, direkte systematische Verhaltensbeobachtungen, Verhaltensbeurteilungen mit Ratingskalen) zur Prüfung eines subjektiven Anfangsverdachtes. Die Vor- und Nachteile dieser Methoden wurden im Kapitel 3 bereits beschrieben.

In Abgrenzung zu traditionellen diagnostischen Ansätzen stellt die DVB ein Verfahren dar, das mit geringem Aufwand mit hoher Frequenz in der Praxis genutzt werden kann. Aus diesem Grund eignet sich die DVB zur Erfassung von engmaschigen Verhaltensverläufen der SchülerInnen und kann dafür eingesetzt werden, das konkrete Verhalten von SchülerInnen, das im subjektiven Anfangsverdacht als problematisch und störend eingeschätzt wird, systematisch zu prüfen.

Anwendung auf das Fallbeispiel: Erfassung der Ausgangslage bei Sam

BEISPIEL

In den letzten Wochen ist es in **Sams** Klasse zunehmend unruhiger. Es wird häufig in die Klasse gerufen, unter den SchülerInnen kommt es ständig zu Streitereien, und viele unangemessene Seitengespräche stören den Unterricht. Die Klassenlehrerin hat alle Hände voll zu tun, um den Unterricht wie geplant durchzuführen und fühlt sich zunehmend gestresst. Ihrem Empfinden nach gehen die meisten dieser Unterrichtsstörungen auf Sam zurück, der durch sein motorisch unruhiges und impulsives Verhalten ein Auslöser für die Unruhe zu sein scheint. Außerdem scheint das problematische Verhalten immer dann aufzutreten, wenn die SchülerInnen individuell und in Ruhe am Platz arbeiten sollen. Die Lehrkraft setzt zur Erfassung des problematischen Verhaltens bei Sam eine DVB mit folgenden Items ein:

Sam ruft in die Klasse, ohne sich zu melden.
Sam streitet sich mit seinen MitschülerInnen.
Sam führt Seitengespräche mit seinem Sitznachbarn.

Die Lehrkraft beurteilt diese drei Verhaltensweisen zweimal täglich im Anschluss an jede Stillarbeitsphase im Mathematik- und Deutschunterricht auf einer sechsstufigen Skala (0 = nie, 1 = selten, 2 = manchmal, 3 = oft, 4 = sehr oft, 5 = nahezu immer). So ergeben sich insgesamt zehn Datenpunkte, die sich in einem Verlaufsdiagramm visualisieren lassen (Abb. 6).

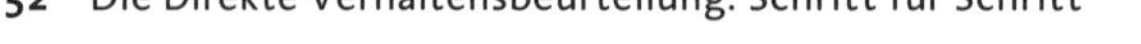

Verhaltensverläufe (Montag bis Freitag) von Sam in Stillarbeitsphasen

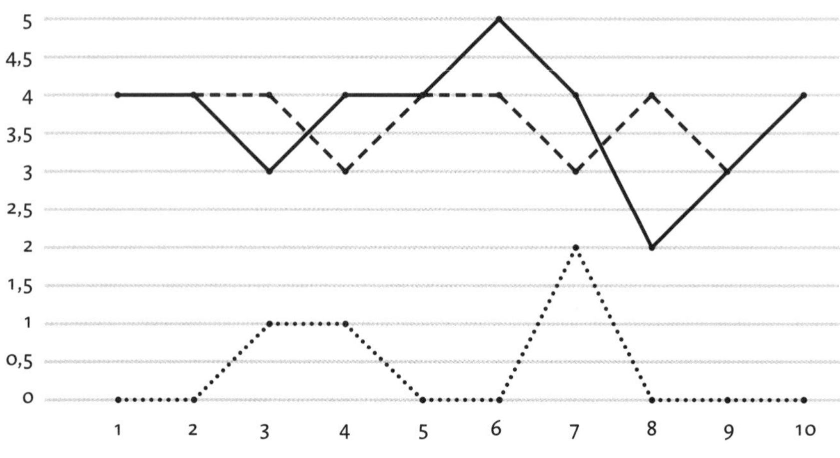

(1) Sam ruft in die Klasse, ohne sich zu melden.

(2) Sam führt Seitengespräche mit seinem Sitznachbarn.

(3) Sam streitet sich mit seinen MitschülerInnen.

Abb. 6: Die Verläufe des Verhaltens von Sam in Stillarbeitsphasen

Die Ergebnisse können wie folgt interpretiert werden: In Stillarbeitsphasen ruft Sam häufig in die Klasse, ohne sich zu melden (durchgezogene Linie). Außerdem führt er häufig unangemessene Seitengespräche mit seinem Sitznachbarn (gestrichelte Linie). Entgegen der ersten subjektiven Wahrnehmung der Lehrkraft streitet sich Sam allerdings nur ganz selten mit seinen MitschülerInnen (gepunktete Linie).

Dieses Beispiel verdeutlicht die Erfassung der Ausgangslage mittels DVB. Die systematische Erfassung des Verhaltensverlaufs wurde dazu eingesetzt, eine subjektive Wahrnehmung systematisch zu prüfen. Im Beispiel konnte die Wahrnehmung der Lehrkraft hinsichtlich zweier Verhaltensdimensionen („In die Klasse rufen“, „Seitengespräche führen“) bestätigt und hinsichtlich einer Dimension („Streitereien mit MitschülerInnen“) widerlegt werden. Dementsprechend können pädagogische Konsequenzen, wie z. B. Fördermöglichkeiten zur Verbesserung des Verhaltens bei Sam oder die Überprüfung, ob es vielleicht noch andere Kinder in der Klasse gibt, deren Verhalten für Unruhe sorgt, an diesen Befunden anknüpfen.

Szenario 2: Verbessert sich das Verhalten nach der Einführung einer Förderung?

Sehr viele Lehrkräfte setzen eine Verhaltensförderung in ihrem Unterricht ein (Cooper et al. 2018). Ungefähr drei Viertel dieser Lehrkräfte gehen davon aus, dass die Förderung auch den gewünschten Erfolg bringt (Cooper et al. 2018), aber eine systematische Evaluation des Fördererfolgs erfolgt nur bei ca. 40% dieser Lehrkräfte (Moore et al. 2017). Die Effektivität einer Verhaltensförderung hängt jedoch von zahlreichen Einflussgrößen (z. B. der Fördersituation oder dem Interesse am Lerngegenstand durch die SchülerInnen) ab. So könnte also bei vielen eingesetzten Fördermethoden unklar bleiben, ob sie erfolgreich sind, „beim Kind ankommen" und somit im Einzelfall evidenzbasiert sind (vgl. Kapitel 2).

Häufig ist es so, dass eine Förderung beibehalten wird, obwohl sie nicht die intendierten Entwicklungen bei den SchülerInnen unterstützt. Im schlimmsten Fall könnte dies zu einer Verstetigung des Verhaltensproblems bis hin zu einer manifesten Verhaltensstörung führen – und das, obwohl man einer solchen eskalierenden Entwicklung durch eine präventive und für das Kind passende Förderung hätte entgegenwirken können (Huber/Grosche 2012).

Die DVB ist als verlaufsdiagnostische Methode dazu geeignet, vergleichsweise schnell den Erfolg oder Nicht-Erfolg von Verhaltensfördermaßnahmen abzubilden. Da sie flexibel, wiederholbar und ökonomisch einsetzbar ist (Kap. 3), kann sie in der Praxis in vielen Anforderungssituationen relativ schnell und ressourcenschonend einen Verhaltensverlauf abbilden. Damit ist die DVB auch dazu geeignet, zwei Verhaltensverläufe, z. B. *vor* und *während* einer Förderung zu vergleichen. Dies ist insbesondere dann wichtig, wenn der Erfolg einer Förderung evaluiert werden soll.

Um den Erfolg einer Förderung mittels DVB zu überprüfen, muss ein Vergleichswert für das Verhalten in einer Phase ohne Förderung vorliegen, mit dem ein Wert für das Verhalten in einer Phase mit Förderung verglichen werden kann. In der kontrollierten Einzelfallforschung wird die Phase ohne Förderung als *Grundratenphase* und die Phase mit Förderung als *Interventionsphase* bezeichnet (z. B. Jain/Spieß 2012). Beide Phasen müssen ausreichend lang sein und unmittelbar aufeinander folgen (Schritt 4, Kap. 4).

! Um den Erfolg einer Förderung beurteilen zu können, muss das Verhalten während der Förderung mit dem Verhalten in einer Phase ohne Förderung verglichen werden können. Die Phase ohne Förderung wird als Grundratenphase bezeichnet. Die Phase mit Förderung wird als Interventionsphase bezeichnet.

Anwendung auf das Fallbeispiel: Verbessert sich das Verhalten von Sam, nachdem eine Förderung für ihn eingeführt wurde?

BEISPIEL

Durch die Erfassung der Ausgangslage von **Sams Verhalten** konnte seine Lehrerin folgende problematische Verhaltensweisen feststellen: In Stillarbeitsphasen ruft Sam häufig in die Klasse, ohne sich zu melden. Außerdem führt er häufig unangemessene Seitengespräche mit seinem Sitznachbarn. Um dieses Verhalten zu verbessern, entwickelt sie gemeinsam mit Sam einen Verstärkerplan (vertiefende Darstellung zur Anwendung möglicher Fördermöglichkeiten, Kap. 5). Sam bekommt nach jeder Stillarbeitsphase im Mathe- und Deutschunterricht einen Fußballsticker, wenn es ihm gelingt, nicht in die Klasse zu rufen und keine unangemessenen Seitengespräche mit seinem Sitznachbarn zu führen. Wenn er am Ende der Woche mindestens sechs Sticker gesammelt hat, darf er in der Folgewoche im Sportunterricht das Abschlussspiel vorschlagen.

Um die Entwicklung des Verhaltens von Sam zu erfassen, beurteilt die Lehrkraft zweimal täglich im Anschluss an jede Stillarbeitsphase im Mathematik- und Deutschunterricht auf einer sechsstufigen Skala (0 = nie, 1 = selten, 2 = manchmal, 3 = oft, 4 = sehr oft, 5 = nahezu immer), inwiefern Sam in die Klasse ruft, ohne sich zu melden und er unangemessene Seitengespräche führt. So kann sie das Verhalten während der Förderung unmittelbar mit dem Verhalten vor der Förderung vergleichen. Nach einer Schulwoche zieht die Lehrerin auf Basis des folgenden Verlaufs (Abb. 7) einen ersten Vergleich.

Die erste augenscheinliche Prüfung weist daraufhin, dass sich nach der Einführung des Verstärkerplans (markiert durch die vertikale gestrichelte Linie) Sams Verhalten verbessert hat. Insgesamt zeigt er das problematische Verhalten nach Einführung der Förderung viel seltener als vorher. Die Lehrerin schlussfolgert,

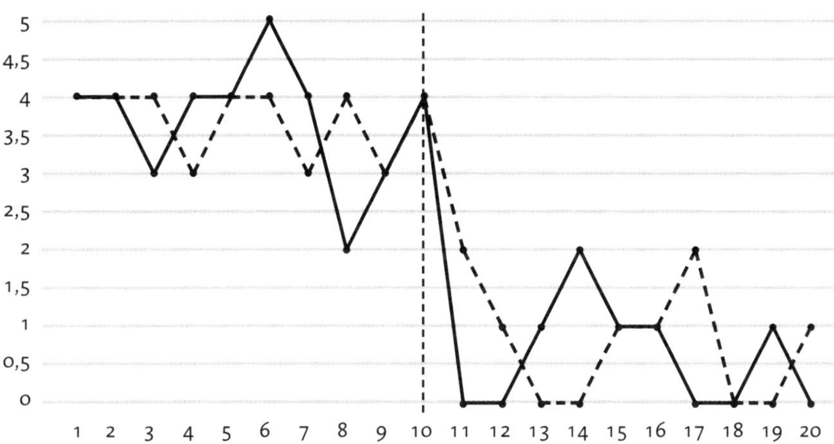

Abb. 7: Verhaltensverläufe von Sam in Stillarbeitsphasen vor und nach der Förderung

dass Sam auf den Verstärkerplan positiv anspricht, und führt die Förderung sowie die Überprüfung der Wirksamkeit mittels DVB fort.

Die dargestellte Umsetzung zur Überprüfung des Fördererfolgs soll ein Grundverständnis der Vorgehensweise vermitteln. Die konkrete Umsetzung hängt von vielen weiteren Variablen ab und muss sorgfältig geplant werden. In den folgenden Schritten wird eine solche Planung strukturiert.

4.2 Schritt 2: Welches Verhalten beurteile ich?

Ein wesentliches Merkmal der DVB ist der konkrete Verhaltensbezug (Kap. 3). Um diesen jedoch herzustellen, muss vorher klar sein, welches konkrete Verhalten überhaupt beurteilt werden soll.

„Big Three" der Verhaltensbeurteilung

Grundsätzlich kann mit der DVB jegliches beobachtbare Verhalten erfasst werden. Empirisch haben sich drei übergeordnete Verhaltensdimensionen im schulischen Kontext als besonders relevant erwiesen (Chafouleas 2011):

1 lernbezogene Verhaltensweisen (z. B. Konzentration, Ausdauer),
2 störende Verhaltensweisen (z. B. in die Klasse rufen),
3 respektvolles Verhalten (z. B. höflich mit anderen umgehen).

Diese drei Dimensionen werden in der internationalen Literatur auch als „Big Three“ bezeichnet (Chafouleas 2011, 582), da sie sich im Klassenraum besonders gut beobachten und beurteilen lassen.

Tatsächlich sind die Verhaltensweisen, die im schulischen Alltag theoretisch auftreten können, nahezu unendlich und weisen diverse Ausprägungen auf. Daher ist eine Systematisierungshilfe erforderlich, um herauszufinden, welche Verhaltensweisen in welcher Ausprägung für SchülerInnen ein Problem darstellen. Hierfür können sogenannte universelle Verhaltensscreenings als Beurteilungshilfen genutzt werden (Glover / Albers 2007).

Universelle Verhaltensscreenings als Auswahlhilfe

Universelle Verhaltensscreenings zeichnen sich dadurch aus, dass sie eine große Breite an konkreten Verhaltensweisen erfassen. In der Regel erfolgt dies durch Ratingskalen, d. h., die Auftretenshäufigkeit oder Auftretensintensität eines konkreten Verhaltens wird von einer Person, die die SchülerInnen kennt, eingeschätzt (Schmidt-Atzert / Amelang 2012). Am Ende der Beurteilung wird ein Summenwert gebildet, der eine Einschätzung darüber erlaubt, ob das Verhalten der SchülerInnen problematisch ist. Die Einschätzung eines Verhaltens als auffällig kann entweder über einen Vergleich mit einer sehr großen Gruppe, die hinsichtlich Geschlecht und Alter identisch ist (die sog. *Normstichprobe*), oder über einen Vergleich mit den Werten der anderen SchülerInnen der gleichen Klasse erfolgen.

Universelle Verhaltensscreenings werden bestenfalls bis zu dreimal pro Schuljahr für alle SchülerInnen einer Klasse bearbeitet. So können Verhaltensprobleme rechtzeitig erkannt und eine Förderung angeboten werden. Gleichzeitig können die Screeningergebnisse für eine Problemanalyse zur genauen Beschreibung des Verhaltens genutzt werden.

Für die Anwendung von universellen Verhaltensscreenings empfiehlt sich ein Vorgehen anhand zweier Leitfragen.

Leitfrage 1: Ist das Verhalten von SchülerInnen problematisch?

In einem ersten Schritt sollte geprüft werden, ob das Verhalten von SchülerInnen vom Verhalten anderer SchülerInnen abweicht. Dies ist wichtig, da der subjektive erste Eindruck in der Praxis diesbezüglich häufig täuschen und die

Gleichaltrigengruppe einen Referenzwert für die Interpretation des Verhaltens liefern kann. Wir veranschaulichen diesen Schritt für unser Fallbeispiel Sam.

BEISPIEL

Sam wird in einer inklusiven Klasse mit 23 weiteren MitschülerInnen unterrichtet. Seine Lehrerin führt dreimal jährlich (ca. vier Wochen nach Beginn des ersten Schulhalbjahres, kurz vor den Weihnachtsferien, kurz vor den Osterferien) für alle SchülerInnen ein universelles Verhaltensscreening durch, um zu ermitteln, ob es SchülerInnen in der Klasse gibt, die Probleme im Verhalten aufweisen und dementsprechend gefördert werden.

Sams Lehrerin nutzt eine Verhaltensbeurteilung, das sehr viele Bereiche schulischen Verhaltens erfasst: Konzentration, Aufmerksamkeit, prosoziales Verhalten, Selbstregulation. Ein solches Verfahren wird auch als Breitbandscreening bezeichnet. Für jeden Bereich werden fünf konkrete Verhaltensweisen auf einer vierstufigen Skala von 0 („Das Verhalten tritt überhaupt nicht auf.“) bis 3 („Das Verhalten tritt sehr häufig auf.“) eingeschätzt. Beurteilt wird das Verhalten der letzten vier Wochen. Nachdem alle Verhaltensweisen beurteilt wurden, berechnet die Lehrerin einen Summenwert für alle Teilbereiche. Für jeden Teilbereich kann somit ein Wert von 0 („Das Verhalten tritt nicht auf.“) bis 15 („Das Verhalten tritt sehr häufig auf.“) ermittelt werden.

Für Sam werden folgende Ergebnisse erzielt: Konzentration = 8 Punkte, Aufmerksamkeit = 3 Punkte, prosoziales Verhalten = 12 Punkte, Selbstregulation = 4 Punkte. Die Lehrerin vergleicht diese Werte mit den Werten der MitschülerInnen sowie den Werten der Normstichprobe. Ihr fällt auf, dass Sams Aufmerksamkeit und Selbstregulation im Vergleich mit der Klasse mit Abstand am schlechtesten ausfallen. Auch ein Vergleich mit der Normstichprobe zeigt, dass Sam hinsichtlich seiner Aufmerksamkeit einen Prozentrang von 7 und hinsichtlich seiner Selbstregulation einen Prozentrang von 11 aufweist. Dies bedeutet, dass 93 % bzw. 89 % seiner Gleichaltrigengruppe besseres Verhalten zeigen. Beide Indizien weisen darauf hin, dass Sam Probleme in der Aufmerksamkeit und Selbstregulation aufweist und von einer entsprechenden Förderung profitieren könnte.

Leitfrage 2: Welches Verhalten von SchülerInnen ist problematisch?

Die Identifikation eines problematischen Verhaltensbereichs ist der erste Schritt zur Schaffung eines Problembewusstseins. Um die Förderung und auch die

Verhaltensverlaufsdiagnostik bestmöglich zu planen, ist zusätzlich eine Spezifizierung der problematischen Verhaltensweisen erforderlich, um vorrangige Förderbedarfe bei SchülerInnen zu definieren. Es wird also überprüft, ob sich die Probleme in einem bestimmten Verhaltensbereich (z.B. Aufmerksamkeit oder Selbstregulation) an ganz konkreten, beobachtbaren und damit auch gut förderbaren Verhaltensweisen festmachen lassen.

BEISPIEL

Die Ergebnisse des universellen Verhaltensscreenings für **Sam** haben ergeben, dass er Probleme in aufmerksamen und selbstregulatorischen Verhaltensweisen zeigt. Für jeden Bereich wurden fünf konkrete Verhaltensweisen beurteilt. Eine genauere Analyse der Werte der einzelnen Items zeigt jedoch, dass die Lehrkraft bei jeweils zwei Items aus den Bereichen eine „0" eingetragen hat. Dies bedeutet, dass Sam ganz besonders in diesen Verhaltensweisen starke Probleme hat. Im Bereich der Aufmerksamkeit sind vor allem die Verhaltensweisen „Arbeitet länger als zehn Minuten an einer Aufgabe" und „Lässt sich nicht vom negativen Verhalten anderer ablenken" problematisch. Im Bereich der Selbstregulation sind vor allem die Verhaltensweisen „Bleibt auch in problematischen Situationen ruhig" und „Meldet sich, wenn er etwas sagen möchte" auffällig. Allem Anschein nach empfiehlt sich eine Förderung, die zunächst diese Verhaltensweisen bei Sam fokussiert.

Deutschsprachige universelle Verhaltensscreenings

Tabelle 3 gibt einen Überblick über deutschsprachige, schulbasierte Screeningverfahren.

Tab. 3: Deutschsprachige Screeningverfahren für Kinder und Jugendliche

Screening	Zieldimension	Zielgruppe	Umfang	Testgüte	Nützlichkeit
Strengths and Difficulties Questionnaire (SDQ; Goodman, 1997), frei verfügbar unter www.sdqinfo.org, 18.04.2019	vier Problemskalen (Hyperaktivität, Verhaltensprobleme mit Gleichaltrigen, Verhaltensprobleme, emotionale Probleme), eine Skala zum prosozialen Verhalten	SchülerInnen im Alter von 4 bis 17 Jahren	insgesamt 25 Items; Bearbeitungsdauer pro SchülerIn ca. fünf Minuten	erfüllt	an klinischen Kategorien orientiertes Verfahren ohne explizite Förderempfehlungen

Screening	Zieldimension	Zielgruppe	Umfang	Testgüte	Nützlichkeit
schulische Einschätzung des Verhaltens und der Entwicklung (SEVE; Hartke/Vrban 2014)	insgesamt acht Skalen zu verschiedenen schulrelevanten Verhaltensweisen (z.B. Sozialverhalten, Umgang mit Schulmaterial)	Schüler der 1. bis 10. Klasse	insgesamt 56 Items, Bearbeitungsdauer pro Schüler ca. zehn Minuten	teilweise erfüllt	direkt an explizite Förderempfehlungen für die Schule gekoppelt
Integrated Teacher Report Form (ITRF; Volpe/Fabiano 2013)	insgesamt 2 Skalen: Verhaltensprobleme im Unterricht (Probleme im Lernverhalten, oppositionelle und den Unterricht störende Verhaltensprobleme)	Schüler der 1. bis 6. Klasse	Langversion mit 47 Items (ca. zehn Minuten pro Schüler) Kurzversion mit 16 Items (max. fünf Minuten pro Schüler)	erfüllt	direkt an explizite Förderempfehlung für den Unterricht gekoppelt
Lehrereinschätzung für Sozial- und Lernverhalten (LSL; Petermann/Petermann 2013)	insgesamt zehn Skalen zum Sozial- und Lernverhalten	Schüler von 6 bis 19 Jahren	insgesamt 50 Items in zehn Skalen, Bearbeitungsdauer pro Schüler ca. zehn Minuten	teilweise erfüllt	keine expliziten Förderempfehlungen
Screening für Verhaltensauffälligkeiten im Schulbereich (SVS; Mutzeck et al. 2011)	insgesamt fünf Skalen zu verschiedenen Verhaltensauffälligkeiten im Schulbereich	Schüler von 6 bis 12 Jahren	49 Items, Bearbeitungsdauer pro Schüler ca. zehn Minuten	teilweise erfüllt	keine expliziten Förderempfehlungen, aber integriert in Handlungsempfehlungen zur Förderplanung
Einschätzung des Arbeits- und Sozialverhaltens durch Lehrkräfte (Hennig et al. 2017)	insgesamt zwei Skalen zum Arbeits- und Sozialverhalten	Schüler von 6 bis 18 Jahren	elf Items, Bearbeitungsdauer pro Schüler max. fünf Minuten	teilweise erfüllt	keine expliziten Förderempfehlungen

4.3 Schritt 3: In welcher Situation beurteile ich das Verhalten?

Nachdem ein Verhaltensproblem erkannt und eingegrenzt wurde, sollte geprüft werden, in welchen Situationen das Verhalten tatsächlich ein Problem darstellt. Menschliches Verhalten kann von Situation zu Situation unterschiedlich sein. Eine Person verhält sich jeweils anders, wenn sie im Büro mit den KollegInnen kommuniziert, wenn sie mit Freunden ein Fußballspiel im Stadion besucht oder wenn sie zuhause mit der Familie kocht. Gleiches gilt für das Verhalten von Kindern und Jugendlichen in der Schule. Mehrere Studien zeigen, dass sich das Verhalten der SchülerInnen in verschiedenen Unterrichtssituationen unterscheidet (Hayling et al. 2008; Nelson et al. 1996; Thomas et al. 1968). Problematisches Verhalten wird von SchülerInnen häufiger gezeigt, wenn die Unterrichtssituation offener ist und eher eigenverantwortliches Arbeiten erfordert (z. B. individuelle Stillarbeit, Gruppenarbeit; Hayling et al. 2008). Ob und in welchem Ausmaß ein bestimmtes Verhalten in einer bestimmten Situation gezeigt wird, hängt von vielen Faktoren, wie z. B. der persönlichen Motivation, dem Interesse am Lerngegenstand oder weiteren umweltbezogenen Aspekten (z. B. wenn sich die SchülerInnen durch die Müllabfuhr, die lautstark am Schulhof die Container leert, ablenken lassen), die zu einer sprunghaften Verhaltensveränderung führen, ab (Fox/Conroy 1995).

Diese Situationsspezifität unterstreicht den Bedarf einer situationsspezifischen Analyse von problematischen Verhaltensweisen. Ist ein Verhalten (z. B. die Konzentration oder die Selbstständigkeit beim Lernen) bei SchülerInnen auffällig, könnte dies nur in einer bestimmten Situation der Fall sein. Grundsätzlich kann die DVB in jeder Situation eingesetzt werden. Um herauszufinden, welche Situation relevant ist, lassen sich die folgenden Leitfragen anwenden:

- Tritt das problematische Verhalten in einem (oder mehreren) Unterrichtsfach (Unterrichtfächern) auf?
- Tritt das problematische Verhalten an bestimmten Wochentagen auf?
- Tritt das problematische Verhalten in einer spezifischen Unterrichtsphase (z. B. Gruppen- oder Einzelarbeit) auf?
- Tritt das problematische Verhalten auch im Unterricht bei anderen KollegInnen auf?
- Bestehen die Unterschiede im Verhalten je nach Fach, Tageszeit, Lehrkraft, Unterrichtssituation usw.?

Anhand dieser Leitfragen lässt sich einschätzen, in welchen Situationen die DVB eingesetzt werden könnte.

Anwendung auf das Fallbeispiel: Identifikation der relevanten Beurteilungssituation bei Sam

BEISPIEL

Durch die Anwendung eines universellen Verhaltensscreenings hat die Lehrerin erfasst, das **Sam** vor allem Probleme im Bereich der Aufmerksamkeit und der Selbstregulation hat und innerhalb dieser Verhaltensdimensionen vor allem folgende konkrete Verhaltensweisen ein Problem darstellen:

1 „Sam arbeitet länger als zehn Minuten an einer Aufgabe."
2 „Sam lässt sich nicht vom negativen Verhalten anderer ablenken."
3 „Sam bleibt auch in problematischen Situationen ruhig."
4 „Sam meldet sich, wenn er etwas sagen möchte."

Die Lehrerin trifft sich mit weiteren KollegInnen, die beide Sam unterrichten, um auf Grundlage der Ergebnisse über die Probleme zu beraten. Ein Kollege bringt ein, dass die Verhaltensweisen immer dann problematisch sind, wenn Sam selbstständig und länger als fünf Minuten eine Aufgabe bearbeiten soll. In offenen Phasen oder Gruppentätigkeiten zeigt er keine Probleme, sondern bringt sich stark ein und verhält sich angemessen.

Es scheint also, dass Sams Verhaltensprobleme unabhängig vom Unterrichtsfach und der unterrichtenden Lehrperson auftreten. Die Unterrichtssituationen, in denen das Verhalten problematisch ist, variieren hingegen. Die Lehrkraft entscheidet sich demnach, die DVB in Unterrichtsphasen einzusetzen, in denen Sam selbstständig und ausdauernd eine Aufgabe bewältigen soll.

4.4 Schritt 4: Wie gehe ich in der Beurteilungssituation vor?

Die Lehrkraft hat entschieden die DVB einzusetzen. Das relevante Problemverhalten sowie die relevante Situation wurden identifiziert – wie geht es nun weiter?

An dieser Stelle sollte geplant werden, wie in der Beurteilungssituation vorgegangen wird. Dies erleichtert die konkrete Umsetzung, erhöht die Wahrscheinlichkeit eines reibungslosen Ablaufes und führt mit größerer Wahrscheinlichkeit auch zu nutzbaren Ergebnissen. In Anlehnung an Briesch et al. (2016) empfehlen wir folgende Planungsschritte:

1. Das Verhalten wird möglichst präzise und kurz beschrieben.
2. Es wird festgelegt, wer das Verhalten beurteilt.
3. Es wird festgelegt, wann, wo und wie oft das Verhalten beurteilt wird.

Das Verhalten konkret beschreiben

Die wichtigste Prämisse bei der Definition des Verhaltens ist, dass die gewählte Definition tatsächlich auch das Verhalten umfasst, das gefördert werden soll (Briesch et al. 2016). Dies können eher breite Formulierungen mit einer SI-Skala (z. B. in Anlehnung an die im Schritt 2 genannten „Big Three" das lernbezogene Verhalten) oder sehr spezifische Verhaltensweisen mit einer MI-Skala („Ruft in die Klasse, ohne sich zu melden.") sein.

Zur präzisen Beschreibung der Verhaltensformulierungen können auch die Ergebnisse aus den universellen Screeningverfahren genutzt werden. Nehmen wir exemplarisch ein Item aus unserem Fallbeispiel, das im Screening ein Problem darstellte: „Sam arbeitet länger als zehn Minuten an einer Aufgabe." Diese Verhaltensweise ist bereits sehr konkret und kann somit unmittelbar als Item auf der DVB genutzt werden.

Die beurteilende Person bestimmen

Jede Person, die am Prozess der Förderung beteiligt ist, kann das Verhalten von SchülerInnen beurteilen. Eine wichtige Leitfrage kann in diesem Kontext lauten (Briesch et al. 2016): Wer kann am besten die erforderlichen Informationen erfassen?

Dies ist i. d. R. eine Person, die in den Beurteilungssituationen sowieso in der Klasse anwesend und in der Lage ist, direkt im Anschluss an diese Situation das Verhalten kurz zu beurteilen. Dies ist häufig die Klassenlehrkraft.

Es ist überaus wichtig, dass die *gleiche* Person konsistent ihre Urteile zu den *gleichen* Zeitpunkten einer Woche vornimmt. Ein Wechsel der urteilenden Person ist nicht sinnvoll und führt zu Verzerrungen in den Ergebnissen. Dennoch können auch mehrere Personen das gleiche Verhalten der gleichen Person parallel beurteilen, so dass im besten Falle ein Vergleich der Ergebnisse möglich ist.

Eine weitere Möglichkeit stellt die Beurteilung durch die SchülerInnen selbst dar (Briesch et al. 2016). So können Daten gesammelt werden, die gezielt die Perspektive von SchülerInnen einbeziehen.

Anwendung auf das Fallbeispiel Sam

BEISPIEL

Sams Lehrerin hat die Verhaltensprobleme mit einem Verhaltensscreening systematisiert und sehr präzise auf der DVB formuliert. Nun stellt sich die Frage, wer die Beurteilungen vornimmt.

Die Gespräche mit den Kollegen haben gezeigt, dass Sams Verhaltensprobleme insbesondere in Phasen auftreten, die konzentriertes Arbeiten erfordern. Diese treten in nahezu allen Unterrichtsfächern auf. Sams Lehrerin entscheidet dennoch, dass sie selbst das Verhalten in den Stillarbeitsphasen in ihrem Unterricht einschätzt. Wenn die ersten Ergebnisse vorliegen, wird sie überlegen, ob es Sinn macht, dass zusätzlich die FachlehrerInnen in anderen Fächern eine DVB für Sams Stillarbeitsphasen ausfüllen.

Festlegen, wann, wo und wie oft beurteilt wird

Die DVB sollte mindestens einmal täglich eingesetzt werden, allerdings kann die Länge der Beurteilungsphase variieren. Die Intensität des DVB-Einsatzes hängt entscheidend von der Förderstufe ab, auf dem sich ein/e SchülerIn befindet (Kap. 2). Als Grundprinzip gilt hier: Je höher die Förderstufe, desto intensiver und individualisierter ist die Förderung und dementsprechend auch die Verlaufsdiagnostik.

Wann wird beurteilt?

Eine DVB sollte immer möglichst direkt und unmittelbar nach dem Auftreten des Verhaltens vorgenommen werden. Je geringer der Abstand zwischen dem Auftreten des Verhaltens und dem Urteil, desto einfacher empfinden Lehrkräfte die Beurteilung und desto genauer sind die Ergebnisse (Cone 1977).

Wird die DVB für einen kompletten Schultag eingesetzt, kann die Beurteilung erfolgen, nachdem die SchülerInnen den Klassenraum verlassen haben.

Wird die DVB für eine Unterrichtsstunde oder Unterrichtsphase eingesetzt, empfiehlt sich die Beurteilung in einer kurzen Pause nach der entsprechenden Situation. Für Beobachtungsintervalle innerhalb einer Unterrichtsstunde können Signale für den Start und das Ende der Situation festgemacht werden (z. B. durch eine Klangschale).

Anwendung auf das Fallbeispiel Sam

BEISPIEL

Sams Verhalten ist in individuellen Stillarbeitsphasen besonders problematisch. Daher möchte die Lehrerin auch genau in diesen Stillarbeitsphasen das Verhalten beurteilen. Sie legt ein Intervall von zehn Minuten fest, in dem die SchülerInnen konzentriert und selbstständig an einer Aufgabe arbeiten sollen. Dieses Intervall wird mit einer Klangschale eingeläutet und beendet. Im Anschluss an die Stillarbeit führen die SchülerInnen eine kurze Aufräumphase durch, die in der Klasse bereits ritualisiert ist. Die Lehrkraft nutzt genau diese Phase, um Sams Verhalten in der Stillarbeit zu beurteilen.

Wo wird beurteilt?

Die Beurteilung erfolgt im besten Fall an dem Ort, an dem das Verhalten auch gezeigt wird. Wichtig ist, dass die Durchführung der Beurteilung einen festen Platz in der Situation bekommt und sie so zum Bestandteil der Unterrichts- und Förderplanung wird. So sollte die Beurteilung des Verhaltens in einer individuellen Stillarbeitsphase direkt noch im Klassenraum erledigt werden.

Anwendung auf das Fallbeispiel Sam

Die Lehrkraft beurteilt **Sams Verhalten** noch im Klassenraum direkt nach der Situation, für die das Verhalten beurteilt wird. Die Beurteilung ist fest eingeplant und bekommt einen festen Platz im Unterrichtablauf.

Wie oft wird beurteilt?

Wie häufig muss beurteilt werden, damit die Ergebnisse zuverlässig nutzbar sind? Verschiedene Studien weisen darauf hin, dass – in Abhängigkeit des Zielverhaltens und der Expertise der beurteilenden Person – zwischen vier und 20 Messungen pro Grundraten- und Interventionsphase für zuverlässige Messungen ausreichen (Briesch et al. 2010; Casale et al. 2019; Casale et al. 2017; Chafouleas et al. 2010). Dies bedeutet, dass innerhalb von einer bis zwei Schulwochen eine zuverlässige Datengrundlage geschaffen werden kann, wenn z. B. täglich zwei Beurteilungen abgegeben werden.

In diesem Zusammenhang sollte beachtet werden, dass bei der Überprüfung des Erfolgs einer Fördermaßnahme dieser Richtwert *jeweils* für die Grundraten- und die Interventionsphase gilt. Im einfachsten Falle führt man also die Erhebung von Grundratendaten über zwei Wochen durch, um anschließend – nach dem Beginn einer Förderung – eine Interventionsphase von ebenfalls mindestens zwei Wochen durchzuführen. In Abhängigkeit der Stabilität der Datenverläufe kann im Einzelfall auch schon früher eine Interpretation der Befunde erfolgen (Schritt 7, Kap. 4).

Anwendung auf das Fallbeispiel Sam

BEISPIEL

Bevor die **Lehrkraft** eine Förderung einführt, um Sams Verhaltensprobleme zu reduzieren, möchte sie die Ausgangslage der Verhaltensentwicklung erfassen. Dafür setzt sie die DVB – wie in den vorherigen Schritten geplant – über einen Zeitraum von zwei Wochen zweimal täglich in individuellen Stillarbeitsphasen ein. So erhält sie am Ende der Grundratenphase insgesamt 20 DVB-Werte, die für eine stabile Einschätzung der Verhaltensausgangslage ausreichen. Genau den gleichen Zeitraum legt sie auch für die Interventionsphase an.

4.5 Schritt 5: Wie wähle ich eine Beurteilungsskala aus?

In den bisherigen Schritten wurde überprüft, ob die Umsetzung der DVB für die eigene Arbeit Sinn macht, welches Verhalten in welcher Situation beurteilt wird und wie in der Beurteilungssituation konkret vorgegangen wird. Offen ist bislang, wie genau die DVB im Design aussieht. Wie viele Items werden genutzt? Wie werden die Items formuliert? Welches Format haben die

Likert-Skalen und wie breit sollen diese sein? Diese Fragen werden in diesem Teilkapitel behandelt.

Eine Beurteilungsskala besteht aus einem Item und den Skalenpunkten, mit denen beurteilt wird. Bei den verwendeten Items sind insbesondere die *Anzahl* und die *Formulierung* wichtig. Die Skalenpunkte können im *Format* und in der *Breite* variieren.

Die Auswahl der DVB-Skalen sollte jeweils individuell an die Fragestellung, das Zielverhalten, die Situation und die SchülerInnen angepasst werden und von den Ergebnissen der ersten vier Schritte ausgehen, die in diesem Kapitel beschrieben wurden.

Auswahl der Items

Die Auswahl der Items basiert auf den zu beurteilenden Verhaltensweisen. Es ist vor allem wichtig, die Anzahl und die sogenannte Inferenz der Items zu klären.

Anzahl der Items

Wie bereits dargestellt, gibt es SI-Skalen und MI-Skalen, die sich in der Anzahl der Items unterscheiden. Ist z. B. ein breit angelegter Verhaltensbereich von

Einzel-Item-Skala	trifft nicht zu					trifft teilweise zu					trifft voll zu
	0	1	2	3	4	5	6	7	8	9	10
Sam beteiligt sich am Unterricht.	☐	☐	☐	☐	☐	☐	☐	☐	☐	☐	☐

Multi-Item-Skala	trifft nicht zu					trifft teilweise zu					trifft voll zu
	0	1	2	3	4	5	6	7	8	9	10
Sams Augen sind auf den Unterrichtsmittelpunkt (z. B. Arbeitsmaterial, Lehrkraft, Mitschüler) gerichtet.	☐	☐	☐	☐	☐	☐	☐	☐	☐	☐	☐
Sam beginnt zügig mit der Arbeit.	☐	☐	☐	☐	☐	☐	☐	☐	☐	☐	☐
Sam beendet die Arbeit in einer angemessenen Zeit.	☐	☐	☐	☐	☐	☐	☐	☐	☐	☐	☐
Sam meldet sich an relevanten Stellen.	☐	☐	☐	☐	☐	☐	☐	☐	☐	☐	☐
Sams Arbeitsergebnis ist angemessen.	☐	☐	☐	☐	☐	☐	☐	☐	☐	☐	☐

Abb. 8: Beispiele einer Single- und einer Multi-Item-Skala für Sam

Interesse (z. B. das sehr globale Verhalten „Unterrichtsbeteiligung"), kann dieses Verhalten über ein einziges Item beurteilt werden (z. B. „Sam beteiligt sich am Unterricht."). Wie in Kapitel 3 bereits erwähnt, spricht man in diesem Fall von einer SI-Skala.

Häufig sind jedoch mehrere spezifische, konkrete und klar umgrenzte Verhaltensweisen von besonderem Interesse, z. B. wenn ein Verstärkerplan für sehr spezifische Verhaltensziele umgesetzt wird. Dann empfiehlt es sich auch diese Verhaltensweisen mit der DVB zu beurteilen (z. B. „Sam beginnt zügig mit der Arbeit.", „Sam meldet sich an relevanten Stellen."). In diesem Fall spricht man von einer MI-Skala. Wird eine MI-Skala verwendet, sollten in der Regel nicht mehr als drei bis fünf Items beurteilt werden, da das Ausfüllen sonst zu lange dauert.

Inferenz

Unter Inferenz versteht man den Interpretationsspielraum, den eine Person bei der Beurteilung eines Items hat. Niedrig inferente Items sind sehr konkret, genauestens operationalisiert und es ist sehr eindeutig, was unter der entsprechenden Verhaltensweise zu verstehen ist. Das Item „Sams Augen sind auf die Lehrkraft gerichtet." aus Abbildung 8 ist beispielsweise niedrig inferent, da das Beurteilungsziel genauestens definiert ist.

Hoch inferente Items hingegen sind sehr global, kaum operationalisiert und können je nach beurteilender Person unterschiedlich interpretiert werden. Hoch inferente Items sind dann gut nutzbar, wenn angenommen werden kann, dass eine beurteilende Person alle relevanten Teilverhaltensweisen, die in dem zu beobachtenden Verhaltensausschnitt eine Rolle spielen, kennt und zusammenfassend beurteilen kann. Dies ist jedoch in der schulischen Praxis selten der Fall. Das erste Item aus Abbildung 8 ist beispielsweise ein hoch inferentes Item, da unterschiedliche Personen die Beteiligung am Unterricht unterschiedlich definieren könnten.

Die Anzahl und die Inferenz der Items sollten zur Förderung passen, und die beurteilende Person sollte sich in der Anwendung der Skala kompetent fühlen. Zusätzlich zur Passung der Items zur Förderung und zur Kompetenz der BeurteilerInnen möchten wir drei weitere Kriterien empfehlen, die als Maßstab zur Itemauswahl herangezogen werden:

- die Zuverlässigkeit der Messungen,
- die Ökonomie bei der Umsetzung und
- die Vorgehensweisen in der Beurteilungssituation, die zu diesem Zeitpunkt im Planungsprozess bereits berücksichtigt wurden.

Zuverlässigkeit der Messungen: Zuverlässige Verhaltensbeurteilungen sind zu einem großen Anteil auf das tatsächliche Verhalten zurückzuführen. Das bedeutet, dass der Wert eines Verhaltensurteils sehr zuverlässig das Verhalten der beurteilten Person abbildet. Die Forschungslage zur Zuverlässigkeit von DVB ist noch relativ dünn, es liegen nur wenige vergleichende Studien vor. Volpe/Briesch (2012) zeigten beispielsweise, dass sowohl SI-Skala als auch MI-Skala Verhaltensverläufe ähnlich zuverlässig abbilden können. Allerdings erzielen die MI-Skalen in kürzerer Zeit zuverlässig interpretierbare Verhaltenswerte, was mit Blick auf die praktische Arbeit zu schnelleren Förderentscheidungen führen kann (Volpe/Briesch 2012; 2016). Die Befunde konnten im deutschsprachigen Raum sowohl bei einzelnen SchülerInnen mit externalisierenden Verhaltensproblemen (Casale et al. 2017) als auch in gesamten inklusiven Schulklassen (Casale et al. 2019) für lernbezogene Verhaltensweisen repliziert werden.

Ökonomie: DVB sind vor allem dann ökonomisch, wenn sie sehr schnell möglichst zuverlässige Ergebnisse liefern und gleichzeitig auch im Schulalltag ohne viel Aufwand eingesetzt werden können.

Bisherige Studien weisen darauf hin, dass MI-Skalen weniger Messungen benötigen, um zuverlässig interpretierbare Ergebnisse zu erzielen (z.B. Volpe/Briesch 2012). Allerdings dauert die Bearbeitung von mehreren Items auf der MI-Skala im Vergleich zu nur einem einzigen Item auf der SI-Skala in der konkreten Beurteilungssituation länger. Demnach müssten mit der MI-Skala weniger Messungen durchgeführt werden; die Messung selbst ist mit einer SI-Skala jedoch etwas kürzer.

An dieser Stelle muss die anwendende Lehrkraft abwägen, ob die Messung mit DVB im Schulalltag möglichst schnell und reibungslos erfolgen soll oder ob die Ergebnisse nach kurzer Zeit vorliegen sollen. Für den ersten Fall wäre die Nutzung einer SI-Skala, für den zweiten Fall die Nutzung einer MI-Skala zu bevorzugen.

Generell ist die DVB in beiden Formaten eine ökonomische Methode, die in wenigen Sekunden im Schulalltag bearbeitet werden kann.

Vorgehensweisen in der Beurteilungssituation

In der Planung zur Vorgehensweise in der Beurteilungssituation wird berücksichtigt, wer das Verhalten wann und wie oft beurteilt. Diese Aspekte haben eine unmittelbare Relevanz für die Auswahl der Items.

Wenn die beurteilende Person das zu beurteilende Verhalten nicht oder nur unzureichend kennt, wäre eine MI-Skala zu bevorzugen. Die konkreten (niedrig inferenten) Items einer MI-Skala strukturieren die Beurteilung stärker, als es bei einer vergleichsweise globalen SI-Skala der Fall ist. So könnte auch eine ungeschulte Person die Beurteilung übernehmen.

Häufig soll die DVB auch Verhaltensweisen erfassen, die in unterschiedlichen Settings auftreten. Hier haben hoch inferente SI-Skalen den Vorteil, dass die globale Itemformulierung auch in wechselnden Sozial- und Unterrichtssituationen eine sinnvolle Bewertung zulässt. Dies ist beispielsweise dann wichtig, wenn das Verhalten von SchülerInnen einerseits im Mathe- und andererseits im Sportunterricht beurteilt werden soll. Während eine hoch inferente Itemformulierung (z. B. „Sam verhält sich motorisch ruhig.“) vergleichsweise kontextunabhängig eine Beurteilung sowohl im Mathe- als auch im Sportunterricht zulassen würde, wäre die Bewertung niedrig inferenter und somit spezifischerer Items (z. B. „Sam bleibt auf seinem Platz sitzen.“ oder „Sam zappelt mit Armen und Beinen herum.“) auf den Sportunterricht nicht übertragbar.

Anwendung auf das Fallbeispiel Sam

BEISPIEL

Die folgenden vier Verhaltensweisen stellen bei **Sam** ein Problem dar:

1 „Sam arbeitet länger als zehn Minuten an einer Aufgabe.“
2 „Sam lässt sich nicht vom negativen Verhalten anderer ablenken.“
3 „Sam bleibt auch in problematischen Situationen ruhig.“
4 „Sam meldet sich, wenn er etwas sagen möchte.“

Diese Items stammen aus einem Verhaltensscreening und sind bereits sehr konkret.

Die Lehrkraft entscheidet sich daher für eine MI-Skala mit genau diesen vier Items. Dies hat den Vorteil, dass genau die Verhaltensweisen erfasst werden, die auch ein Problem für Sam darstellen. Außerdem erleichtert die sehr konkrete Formulierung der Items die Beurteilung. Weiterhin führen die MI-Skalen schnell zu zuverlässigen Ergebnissen, so dass die Lehrerin nach den geplanten zwei Wochen der DVB-Erhebung mit großer Wahrscheinlichkeit einen zuverlässigen Verhaltensverlauf von Sam erhält. Schließlich erleichtern die niedrig inferenten Items die Beurteilung für andere Personen, was insbesondere dann sinnvoll ist, wenn die anderen Lehrkräfte von Sam ebenfalls das Verhalten beurteilen.

Auswahl des Skalenformats

Das Skalenformat umfasst die Skaleneinheiten, mit deren Hilfe eine Beurteilung vorgenommen wird (Döring et al. 2016). Es können einfache nummerisch-quantitative Formate (z. B. jede Skalenstufe wird mit einer Zahl von 0 bis x benannt) von verbal-qualitativen Formaten (z. B. 0 = Verhalten ist überhaupt nicht problematisch bis 4 = Verhalten ist extrem problematisch) unterschieden werden. Auf einer DVB können eine Zeitskala, eine Qualitätsskala und eine Häufigkeitsskala (Abb. 9) genutzt werden (Christ et al. 2009; Volpe / Briesch 2012; Volpe / Fabiano 2013).

Auf einer *Zeitskala* (Abb. 9a, b) wird beurteilt, mit welcher zeitlicher Ausprägung (z. B. von 0 bis 100 %) ein Verhalten in der Beurteilungssituation aufgetreten ist. Auf einer *Qualitätsskala* (Abb. 9c) wird beurteilt, wie die qualitative Ausprägung eines Verhaltens in einer Situation war (z. B. 0 = das Verhalten stört nicht, 10 = das Verhalten stört sehr stark). Bei der *Häufigkeitsskala* (Abb. 9d) wird die Häufigkeit beurteilt, in der ein Zielverhalten im Beurteilungszeitraum aufgetreten ist (z. B. von 0x bis 10x).

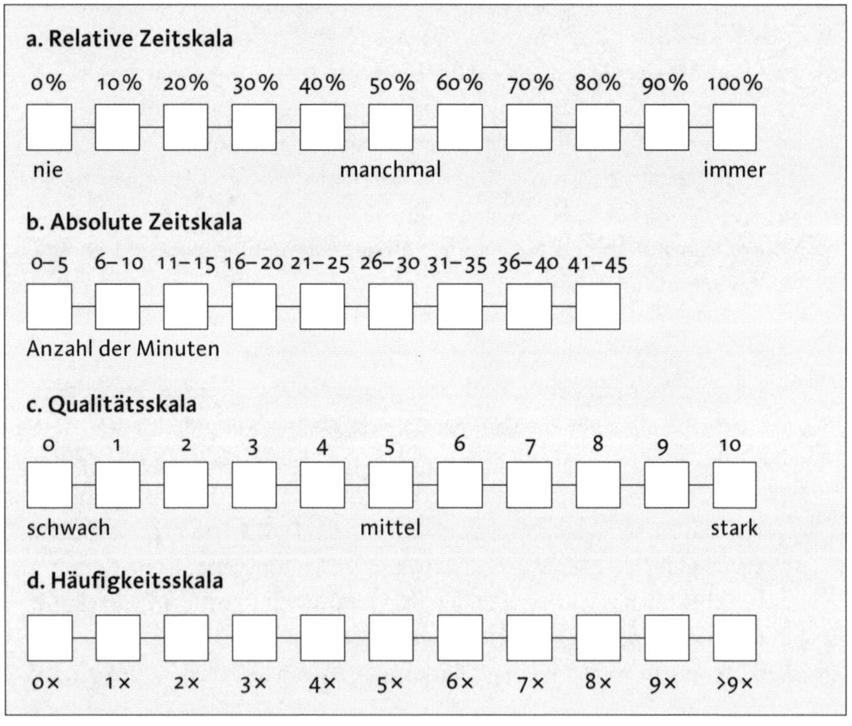

Abb. 9: Verschiedene Skalenformate der DVB

Die Entscheidung für ein Skalenformat sollte insbesondere aus praktischen Überlegungen und aus der konkreten Fragestellung abgeleitet werden. Eine Zeitskala ist immer dann zu empfehlen, wenn die zeitliche Ausdehnung eines Verhaltens über die Messzeitpunkte erkennbar schwankt. Dies wäre zum Beispiel der Fall, wenn eine Lehrkraft Erkenntnisse über die Unterrichtsbeteiligung von SchülerInnen gewinnen möchte, die sich in einigen Unterrichtsstunden sehr stark (z. B. ca. 70 % der Zeit) und in anderen Stunden fast überhaupt nicht (z. B. 10 % der Zeit) am Unterrichtsgeschehen beteiligen.

Möchte man hingegen aggressives Verhalten im Unterricht beurteilen, bietet sich eine Zeitskala nur bedingt an, da schulrelevante aggressive Handlungen von SchülerInnen (z. B. Kneifen, Boxen, ein Lineal zerstören) oft nur wenige Augenblicke andauern. Selbst wenn ein/e SchülerIn mehrfach in einer Unterrichtsstunde seine/n SitznachbarIn kneift, boxt oder schlägt, würde dieses Verhalten zwar einen erheblichen Einfluss auf das Unterrichtsgeschehen nehmen, jedoch insgesamt nur wenige Prozent der gesamten Unterrichtsstunde ausmachen. Somit ließe sich eine Entwicklung des aggressiven Verhaltens über die Zeit in diesem Falle mit Hilfe einer Zeitskala nur bedingt darstellen. In der Schulpraxis bietet sich bei Verhaltensweisen mit zeitlich kurzer Ausdehnung die Verwendung einer Qualitätsskala oder einer Häufigkeitsskala an.

Breite der Beurteilungsskala

Neben der Anzahl der Items und dem Skalenformat muss die Breite der Beurteilungsskala festgelegt werden. Je breiter eine Skala angelegt ist, desto differenzierter kann sie ein Verhaltensurteil abbilden.

Um zwischen verschiedenen Ausprägungen des SchülerInnenverhaltens differenzieren zu können, empfiehlt Chafouleas (2011) auf Basis mehrerer empirischer Studien die Verwendung von mindestens sechs bis höchstens zehn Skalenpunkten. Die Abstände zwischen den Skalenpunkten sollten vergleichbare Entwicklungen abbilden, d. h., eine Verbesserung von Skalenpunkt 3 zu Skalenpunkt 4 entspricht der gleichen Entwicklung wie die Entwicklung von Skalenpunkt 7 zu Skalenpunkt 8. Ist dies der Fall, spricht man auch von aquidistanten Skalenpunkten (Döring et al. 2016).

Die Anzahl der Skalenpunkte wird in Abhängigkeit des gewählten Skalenformats gewählt. Bei Zeitskalen, die zwischen 0 und 100 % der Beobachtungszeit unterscheiden sollen, werden elf Skalenpunkte verwendet (Abb. 9a). Eine Häufigkeitsskala hingegen sollte die Spannweite der zu erwartenden Häufigkeiten des Verhaltens abbilden. Eine Unterschätzung der zu erwartenden Häufigkeiten führt schnell zu dem genannten Deckeneffekt, bei dem immer der höchste Wert (z. B. >9) gemessen wird, so dass später keine ausreichende Varianz der

Ergebnisse vorliegt. Da bei einer DVB aber insbesondere genau diese Varianz der Messwerte über die Zeit wichtige Informationen über Einflussfaktoren auf das Zielverhalten liefert, sinkt mit der Wahl einer ungeeigneten Skala der Erkenntniswert einer Verlaufsdiagnostik.

BEISPIEL

In unserem Fallbeispiel **Sam** könnte die Lehrkraft beispielsweise eine relative Zeitskala nutzen (Abb. 10). Der Beurteilungszeitraum ist klar umgrenzt (zehn Minuten individuelle Stillarbeit), so dass der Anteil der jeweiligen Verhaltensweisen recht gut beurteilt werden kann. Die Skala würde dann elf Stufen haben, so dass für jede Verhaltensweise beurteilt werden kann, zu wie viel Prozent sie in individuellen Stillarbeitsphasen gezeigt wurde.

Direkte Verhaltensbeurteilung – MI-Skala für Sam

Zu wie viel Prozent hat Sam in der individuellen Stillarbeitsphase die folgenden Verhaltensweisen gezeigt?

1. Sam arbeitet konzentriert an einer Aufgabe.

0%	10%	20%	30%	40%	50%	60%	70%	80%	90%	100%

2. Sam lässt sich nicht vom negativen Verhalten anderer ablenken.

0%	10%	20%	30%	40%	50%	60%	70%	80%	90%	100%

3. Sam bleibt auch in problematischen Situationen ruhig.

0%	10%	20%	30%	40%	50%	60%	70%	80%	90%	100%

4. Sam meldet sich, wenn er etwas sagen möchte.

0%	10%	20%	30%	40%	50%	60%	70%	80%	90%	100%

Abb. 10: Beispiel einer MI-Skala für Sam

4.6 Schritt 6: Wie werte ich die Ergebnisse aus?

Es wurde entschieden, eine DVB umzusetzen. Das Verhaltensproblem wurde erkannt und analysiert, die Beurteilungssituation geplant, das Skalenformat gewählt und die Daten wurden erfasst. Doch wie können die DVB-Daten nun ausgewertet werden?

Die Auswertung der erhobenen Daten erfolgt in zwei Schritten. Zuerst werden die Verhaltensverläufe visualisiert und wichtige Kennwerte berechnet und notiert. Anschließend wird die Verhaltensentwicklung analysiert. Hierzu wird die Verhaltensentwicklung in der Grundratenphase mit der Verhaltensentwicklung in der Interventionsphase sowohl visuell als auch mit Hilfe statistischer Kennwerte verglichen.

Für die Auswertung der Ergebnisse sind einige Grundbegriffe wichtig und hilfreich, die wir kurz darstellen, bevor wir die Auswertungsschritte im Detail beschreiben.

Grundbegriffe bei der Auswertung von DVB-Daten

Um eine fachlich fundierte und präzise Auswertung von Verlaufsdaten vornehmen zu können, ist das Verständnis einiger Grundbegriffe elementar wichtig. Daher sollen im Folgenden die *visuelle Inspektion*, *Überlappungsindizes*, das *Niveau*, der *Median* und der *Trend* kurz beschrieben werden.

Visuelle Inspektion

Die visuelle Inspektion stellt eine visuelle Analyse eines Verlaufsgraphen dar. Sie wird in der Literatur auch als „interocular test of significance" (Gresham 2005, 335) bezeichnet. Der Begriff klingt sehr komplex, die Methode an sich ist es tatsächlich nicht. Bei der visuellen Inspektion wird lediglich der Verlaufsgraph betrachtet, eine subjektive Einschätzung über den Verhaltensverlauf vorgenommen und die Grundraten- mit der Interventionsphase verglichen.

Die visuelle Inspektion stellt die am häufigsten genutzte Methode zu Auswertung von Verlaufsdaten einzelner SchülerInnen dar (z. B. Brossart et al. 2006). Der Vorteil der Methode ist, dass sie recht einfach umsetzbar ist – man benötigt lediglich einen visualisierten Verlaufsgraphen. Die visuelle Inspektion birgt allerdings auch einige Herausforderungen. Zum einen ist die visuelle Sichtung eines Graphen sehr subjektiv. Zum anderen existieren Datenverläufe, die nur sehr schwierig zu interpretieren sind, weil beispielsweise eine Entwicklung in den Daten ist, die auf den ersten Blick nicht zu erkennen ist. So könnte z. B. eine

Förderung zur Reduktion störender Verhaltensweisen als erfolgreich angenommen werden, weil die Daten in der Interventionsphase weit unter denen in der Grundratenphase liegen. Falls aber bereits in der Grundratenphase ein negativer Trend, d. h. ein Abfall des störenden Verhaltens stattgefunden hat, wäre die Aussage „Die Förderung war erfolgreich." nicht ohne Weiteres gültig. Daher ist es wichtig, auch weitere Aspekte von Verlaufsdaten, die wir in diesem Kapitel noch erörtern, bei der visuellen Inspektion zu berücksichtigen.

Überlappungsindizes

Zusätzlich zur visuellen Inspektion können Effektstärkenmaße berechnet werden. Die sogenannten Überlappungsindizes stellen ein Effektstärkenmaß aus der kontrollierten Einzelfallforschung dar. Da sie relativ leicht zu berechnen sind und dennoch die Aussagekraft einer visuellen Inspektion unterstützen, können sie gut in der praktischen Anwendung der Verlaufsdiagnostik genutzt werden.

Überlappungsindizes sind in ihrer Systematik recht einfach erklärt. Sie geben an, ob bzw. in welchem Ausmaß die Daten aus der Grundraten- und Interventionsphase „überlappen", d. h., inwiefern sie sich in dem gleichen Skalenbereich bewegen. Wenn sehr viele Werte der Interventionsphase im gleichen Skalenbereich liegen wie die Werte in der Grundratenphase, ist dies ein Indiz dafür, dass sich das Verhalten nicht oder kaum verändert hat.

Wenn sehr viele Werte der Interventionsphase in einem besseren Skalenbereich liegen als die Werte in der Grundratenphase, ist dies ein Indiz dafür, dass sich das Verhalten verbessert hat.

Wenn sehr viele Werte der Interventionsphase in einem schlechteren Skalenbereich liegen als die Werte in der Grundratenphase, ist dies ein Indiz dafür, dass sich das Verhalten verschlechtert hat.

Es existieren sehr viele Überlappungsindizes, die sich hinsichtlich ihrer Berechnung unterscheiden (Parker et al. 2011). In diesem Kapitel stellen wir ausgewählte Indizes vor, die recht einfach zu berechnen sind und gleichzeitig eine hohe Aussagekraft für die Analyse von Verhaltensverläufen besitzen.

Überlappungsindizes geben den Effekt meistens in Form des prozentualen Anteils an, zu dem die Werte in der Interventionsphase nicht mit den Werten der Grundratenphase überlappen. Für die Interpretation dieser Werte gelten Faustregeln: So spricht man ab 70 % nicht überlappender Daten von einem kleinen, ab 80 % nicht überlappender Daten von einem mittleren und ab 90 % nicht überlappender Daten von einem großen Effekt (Alresheed et a. 2013). Diese Werte können so interpretiert werden, als dass sich die / der SchülerIn während der Interventionsphase zu 70 % (bzw. 80 % / 90 %) besser verhalten hat als in der Grundratenphase.

Bei der Berechnung und Interpretation der Überlappungsindizes ist unbedingt die Richtung des erwarteten Effekts zu berücksichtigen. Wird ein positives Verhalten gefördert, erwartet man in der Interventionsphase höhere Werte als in der Grundratenphase. Daher interessieren in diesem Fall die Werte der Interventionsphase, die höher liegen als die Werte in der Grundratenphase. Soll ein negatives Verhalten reduziert werden, erwartet man in der Interventionsphase niedrigere Werte als in der Grundratenphase. Daher interessieren in diesem Fall die Werte der Interventionsphase, die unter den Werten der Grundratenphase liegen.

Mittelwert

Unter dem Mittelwert der Daten wird der Durchschnitt aller Werte in einer Phase verstanden. Der Mittelwert gibt somit die durchschnittliche Ausprägung des Verhaltens in der Grundraten- und Interventionsphase an.

Der Mittelwert ist einfach zu berechnen: Es werden einfach alle Werte einer Phase aufsummiert (z. B. 3 + 2 + 3 + 1 + 4 + 3 = 16) und durch die Anzahl aller Werte dividiert (16 / 6 = 2,66). Hat man den Mittelwert für Grundraten- und Interventionsphase berechnet, können beide Werte miteinander verglichen werden. Ist der Mittelwert der Interventionsphase besser als der Mittelwert in der Grundratenphase, kann dies ein Indiz für eine Verhaltensverbesserung sein.

Median

Der Median stellt den mittleren Wert einer Rangfolge von Werten dar. Er gibt an, an welcher Stelle einer Verlaufsreihe von Verhaltensdaten in zwei exakt gleich große Hälften geteilt werden kann.

Der Median kann ebenfalls sehr einfach berechnet werden. Wenden wir die Berechnung des Medians auf das zuvor genannte Beispiel an: In einer Verlaufsmessung wurden an sechs Messzeitpunkten die Werte 3, 2, 3, 1, 4, 3 gemessen. Zuerst müssen diese Werte in eine auf- oder absteigende Rangreihe gebracht werden, also z. B. 1, 2, 3, 3, 3, 4. Da es sich hier um eine gerade Anzahl an Messungen handelt, müssen die beiden mittleren Werte (3 und 3) zusammengefasst werden (also 6) und durch zwei dividiert werden (also 3). Der Median dieser Datenreihe beträgt dann 3.

Einfacher ist die Berechnung bei einer ungeraden Anzahl an Werten. Ergänzen wir das zuvor genannte Beispiel um einen einzigen Wert: 3, 2, 3, 1, 4, 3, *2*. Auch hier werden die Daten zunächst in eine Rangreihe gebracht, also 1, 2, 2, 3, 3, 3, 4. Diese Rangreihe wird durch den mittleren Wert (3) in zwei exakt gleich große Hälften geteilt. Somit beträgt der Median dieser Rangreihe 3.

Trend

Der Trend gibt an, in welche Richtung und in welchem Ausmaß sich die Daten innerhalb einer Phase entwickeln bzw. ob und wie stark sich das Verhalten innerhalb einer Phase in eine bestimmte Richtung verändert hat.

Der Trend ist ein recht wichtiges Maß bei der Auswertung von Verlaufsdaten. Zum einen weist der Trend in der Grundratenphase daraufhin, ob sich das Verhalten bereits ohne Förderung verändert, was unbedingt bei der Auswertung berücksichtigt werden muss. Für die Interpretation der Graphen ist eine stabile, d.h. trendfreie Grundratenphase hilfreich. Dies ist allerdings bei der Messung von Verhalten nur selten der Fall.

Bei einer erfolgreichen Förderung würde man in der Interventionsphase einen Trend in die wünschenswerte Richtung erwarten. Der Trend der Interventionsphase gibt damit Hinweise darauf, ob in der Interventionsphase eine Verhaltensverbesserung stattgefunden hat.

Die Berechnung des Trends ist allerdings recht aufwändig und bei Weitem nicht so einfach wie die Berechnung des Mittelwerts oder des Medians. Auch existieren verschiedene Möglichkeiten zur Berechnung eines Trends.

Nachdem nun die wesentlichen Grundbegriffe erläutert wurden, werden im Folgenden die beiden zentralen Auswertungsschritte dargestellt.

Visualisierung der DVB-Daten

DVB-Daten werden als Verlaufsgraph visualisiert. Dabei sollten die Darstellungsweise, die Zusammenfassung von einzelnen Werten und die Wahl einer möglichen Software für die Auswertung berücksichtigt werden. Möglich, wenn auch fehleranfälliger, ist eine Auswertung mit Papier und Stift.

Darstellungsweise

Verlaufsdaten werden in der Regel als Liniendiagramm dargestellt, bei dem die Anzahl der geplanten Messzeitpunkte (bzw. die Anzahl der Beurteilungstage) auf der horizontalen X-Achse und die verwendete Skalenbreite (z.B. elf Punkte) auf der vertikalen Y-Achse eingetragen werden. Abbildung 11 verdeutlicht die grundlegende Systematik eines solchen Liniendiagramms.

Ein solches Liniendiagramm ist leicht erstellt, indem jeder Messzeitpunkt den entsprechenden Verhaltenswert zugeordnet wird. Die Werte werden dann miteinander verbunden. Diese Visualisierung kann die Einschätzung der Verhaltensentwicklung von SchülerInnen unterstützen.

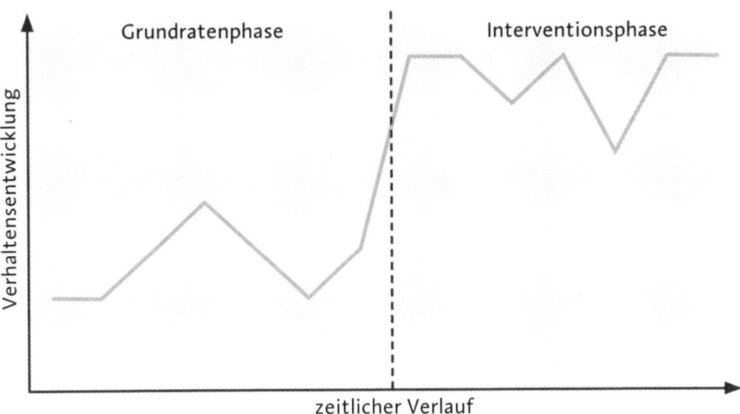

Abb. 11: Darstellung eines einfachen Liniendiagramms zur Visualisierung von DVB-Daten

Zusammenfassung von Beurteilungswerten

Bei vielen Beurteilungen (z. B. an jedem Schultag über mehrere Schulstunden in einem Zeitraum von zwei Wochen) können die Daten zu Tages- oder Wochenwerten zusammengefasst werden. Der Vorteil dieser Zusammenfassung liegt vor allem in der größeren Stabilität der Daten, so dass sich sogenannte (Verhaltens-)Ausreißer weniger bemerkbar machen. So wäre es beispielsweise denkbar, dass ein/e SchülerIn in der zweiten und vierten Unterrichtsstunde nur wenige Probleme zeigt (z. B. weil er müde ist, sie das Thema interessiert oder die Unterrichtsmethode spannend ist), die übrigen drei Unterrichtsstunden des Tages jedoch sehr viel stört. Das Ergebnis wäre ein sehr unruhiger Verlaufsgraph (eine sog. Zickzack-Kurve; z. B. 2, 9, 1, 10, 3). Eine Zusammenfassung der Tageswerte zu einem gemeinsamen mittleren Wert würde das Verhalten über den gesamten Tag in einem solchen Fall besser repräsentieren. Die Tageswerte könnten wiederum zu einem gemeinsamen Wochenwert zusammengefasst werde, so dass sämtliche Unterrichtsstunden, Fächer, Lehrkraftwechsel und weitere Faktoren in einem Wert repräsentiert würden.

Allerdings gehen über die Zusammenfassung von Daten auch wichtige Informationen verloren, die für die Unterstützung von SchülerInnen wichtig wären. So könnte gerade die Erkenntnis, dass ein/e SchülerIn zu Beginn der Woche bzw. direkt nach dem Wochenende mehr problematisches Verhaltens zeigt als zum Ende der Woche ein wichtiger Ansatzpunkt zur Ableitung von Einflussfaktoren auf das SchülerInnenverhalten sein.

Wir empfehlen immer, den Datenrohwert jeder einzelnen Messung zu dokumentieren und davon ausgehend die Zusammenfassungen vorzunehmen.

Dies hat darüber hinaus den Vorteil, dass die Auswertung mit unterschiedlichen Schwerpunktsetzungen erfolgen kann, z. B. um die Verhaltensentwicklung einer ganzen Woche abzubilden oder im Detail zu analysieren, ob es ganz konkrete Situationen gibt, in denen das Verhalten auffällt.

Neben der Zusammenfassung der Beobachtungsdaten über verschiedene Zeiträume ist auch eine zusammenfassende Betrachtung über die verschiedenen Items einer MI-Skala, über mehrere SI-Skalen, über unterschiedliche Unterrichtsfächer, Lehrkräfte, Wochentage oder Tageszeiten eine wichtiger Ansatzpunkt, der insbesondere bei der Interpretation der Daten (Schritt 7, Kap. 4) eine wichtige Rolle spielt.

Visualisierungsmedium: Software oder Papier und Bleistift?

Es gibt zwei Möglichkeiten, die DVB-Ergebnisse zu visualisieren: „traditionell" mit Papier und Bleistift oder mit einer Software.

Die einfachste Darstellungsweise von Verlaufsdaten erfolgt auf kariertem Papier (oder Millimeterpapier) mit Hilfe eines Bleistifts. Hierzu wird ein einfaches Diagramm mit einer X-Achse und einer Y-Achse gezeichnet. Danach wird der Wert für jeden neuen Beurteilungspunkt in das Diagramm übertragen. Dies ist relativ schnell, einfach und ohne weitere technische Hilfsmittel umsetzbar. Zudem kann die Verlaufsgrafik auf diese Weise auch von den SchülerInnen gemeinsam mit einer Lehrkraft oder den Eltern erstellt werden.

Die Nachteile einer händisch erstellten Grafik sind vor allem die geringere Flexibilität und die höhere Fehleranfälligkeit. Eine spontane Verlängerung des Beurteilungszeitraums kann nur umständlich durch eine Verlängerung des Papierbogens vorgenommen werden. Die Zusammenfassung von mehreren Werten an einem Tag (z. B. über alle Unterrichtsstunden eines Schultages) zu einem Tageswert ist im Nachhinein nur über zusätzliche Rechenprozeduren möglich. Auf Papier besteht außerdem die Gefahr, dass Werte falsch eingetragen oder falsch berechnet werden.

Eine Alternative zur Visualisierung mit Papier und Bleistift stellen einfache elektronische Tabellenkalkulationsprogramme (z. B. das kostenlose OpenOffice Math, Microsoft Excel) oder spezifische Software zur Auswertung von Einzelfalldaten (z. B. das kostenlose R-Paket SCAN, Wilbert/Lüke 2016) dar. Die folgenden

Schritte der Auswertung von DVB-Daten beschreiben wir exemplarisch anhand der Nutzung der Tabellenkalkulationssoftware Excel.

Möglichkeiten zur Auswertung von Verlaufsdaten

Nachdem die Daten visualisiert wurden, müssen sie ausgewertet werden. Für die Auswertung von Verlaufsdaten existieren zahlreiche Strategien und Techniken, die wir an dieser Stelle nicht diskutieren können. Hierzu sei auf andere hilfreiche Publikationen verwiesen.

Für die Auswertung empfehlen wir grundsätzlich die Nutzung einer Tabellenkalkulationssoftware. Dabei sollten vor allem die Dateneingabe und Bezeichnung der Daten in der Tabelle berücksichtigt werden.

Literatur- und Anwendungstipps zur Auswertung von Verlaufsdaten:

Alresheed, F., Hott, B. L., Bano, C. (2013): Single Subject Research: A Synthesis of Analytic Methods. Journal of Special Education Apprenticeship, 2(1)

Börnert-Ringleb, M., Bosch, J., Wilbert, J. (2018): Lernverlaufsdiagnostik. In: Dziak-Mahler, M., Hennemann, T., Jaster, S., Leidig, T., Springob, J. (Hrsg.): Fachdidaktik inklusiv II – (Fach-)Unterricht inklusiv gestalten – Theoretische Annäherungen und praktische Umsetzungen. (S. 63–78) Waxmann, Köln

Jain, A., Spieß, R. (2012): Versuchspläne der experimentellen Einzelfallforschung. Empirische Sonderpädagogik, 4(3–4), 211–245

Maggin, D. M., Cook, B. G., Cook, L. (2018): Using Single Case Research Designs to Examine the Effects of Interventions in Special Education. Learning Disabilities Research Practice. https://doi.org/10.1111/ldrp.12184 und http://www.singlecaseresearch.org/, 18.04.2019

Die Eingabe der Verlaufsdaten in eine Software

Die Eingabe der Daten in eine Tabellenkalkulationssoftware verläuft in der Regel in Zeilen und Spalten. Wir empfehlen, die Daten im zeitlichen Verlauf von oben nach unten in eine Spalte einzugeben. In den oberen Zeilen stehen dann frühe Beurteilungswerte, in den unteren Zeilen die jeweils letzten Beurteilungswerte. Sollte die Beobachtung über mehrere SI-Skalen oder über eine MI-Skala erfolgen, sollte pro Item eine unterschiedliche Spalte verwendet werden. Damit besteht die Möglichkeit, die Werte für die einzelnen Items getrennt zu bewerten. Zusätzlich ist mit Hilfe einer Tabellenkalkulation die Zusammenfassung der Daten zum Mittelwert oder die Berechnung des Median schnell und einfach möglich.

Im einfachsten Falle soll der Verlauf der Beurteilungswerte einer einzelnen SI-Skala über die Zeit visualisiert werden. In diesem Falle reicht es, wenn – wie zuvor erwähnt – die Daten untereinander in die Tabelle eingetragen werden (Abb. 12).

Jedem Beurteilungszeitpunkt werden ein Datum, ein Wochentag und eine Schulstunde bzw. ein Fach zugeordnet. So besteht die Möglichkeit, das SchülerInnenverhalten getrennt für verschiedene Wochentage, Tageszeiten oder Fächer zu vergleichen.

Nr.	Datum	Tag	Stunde	Fach	I1_Augen	I2_Beginn	I3_Zeit	I4_melden	I5_Ergebnis	I1-5_Median
1	12.03.2018	Mo	2	Mathe	5	4	2	6	3	4
2	12.03.2018	Mo	3	Sprache	5	5	1	6	2	5
3	12.03.2018	Mo	4	Freiarbeit	3	6	2	5	1	3
4	12.03.2018	Mo	5	Religion	2	5	3	5	2	3
5	13.03.2018	Di	1	Freiarbeit	2	3	2	6	1	2
6	13.03.2018	Di	2	Sachunterricht	6	4	1	5	2	4
7	13.03.2018	Di	3	Mathe	5	6	7	6	2	6
8	13.03.2018	Di	3	Sprache	4	3	2	7	3	3
9	14.03.2018	Mi	2	Freiarbeit	1	2	1	6	1	1
10	14.03.2018	Mi	3	Freiarbeit	2	1	2	5	2	2
11	14.03.2018	Mi	4	Kunst	7	8	3	5	5	5
12	14.03.2018	Mi	5	Musik	6	6	2	5	7	6
13	15.03.2018	Do	2	Sachunterricht	4	5	2	5	4	4
14	15.03.2018	Do	3	Englisch	5	4	2	4	3	4
15	16.03.2018	Fr	1	Sprache	4	5	1	3	2	3
16	16.03.2018	Fr	2	Mathe	5	5	2	4	4	4
17	16.03.2018	Fr	3	Freiarbeit	1	2	1	3	2	2
18	16.03.2018	Fr	4	Englisch	3	4	3	3	3	3

Abb. 12: Mögliche Eingabemaske von Verlaufsdaten einer DVB

Strategien zur Datenauswertung

Visuelle Inspektion

Die visuelle Inspektion von Verlaufsdaten wurde bereits beschrieben. Sie ist der erste Schritt zur Abschätzung von Fördererfolgen. Dabei werden die Daten der Grundratenphase mit den Daten der Interventionsphase verglichen. Alresheed et al. (2013) bezeichnen die visuelle Analyse als einen wichtigen ersten Schritt und machen deutlich, dass auch bei einer ersten visuellen Analyse einige statistische Kennwerte miteinbezogen werden sollten.

Mittelwert und Median der Verhaltensverläufe

In einem ersten Schritt der visuellen Inspektion sollten das Niveau und der Median der Grundraten- und Interventionsphase abgeschätzt werden. Welches Ausmaß hat das Verhalten in den beiden Phasen? Gibt es eine sichtbare Veränderung in der Interventionsphase? Falls ja, in welche Richtung? Gibt es auffallend starke Ausreißerwerte?

Anhand dieser ersten Einschätzung gewinnt man einen ersten Eindruck über die Qualität der Daten und mögliche Verhaltensveränderungen. Es ist auch zu empfehlen, den Mittelwert und den Median für beide Phasen zu berechnen und miteinander zu vergleichen. Dies erlaubt eine gute erste Einschätzung über die Ausprägung eines Verhaltens in den beiden Phasen.

Trend der Verhaltensverläufe

Neben dem Mittelwert und dem Median sollte auch der Trend bei der visuellen Inspektion berücksichtigt werden, um die visuelle Abschätzung von Fördererfolgen zu verbessern. Voraussetzung hierfür ist, dass eine Trendlinie im Verlaufsdiagramm vorhanden ist, die gesichtet werden kann (beispielhafte Darstellung in Abb. 13).

In Abbildung 13 sind zwei Beispiele aufgezeigt, in denen Trendlinien eingezeichnet sind. Im ersten Beispiel (A) wurde ein sehr stabiler Trend in der Grundratenphase in die Interventionsphase verlängert, um zu überprüfen, ob die Werte der Interventionsphase über diesem Trend liegen.

Im zweiten Beispiel (B) sind zwei Trendlinien eingezeichnet: jeweils eine für die Grundraten- und die Interventionsphase. Während die Daten in der Grundratenphase einen stark negativen Trend aufweisen, zeigen die Daten in der Interventionsphase einen stark positiven Trend. Wäre das Ziel der Förderung hier eine Erhöhung positiver Verhaltensweisen, wären diese Trendlinien ein Hinweis

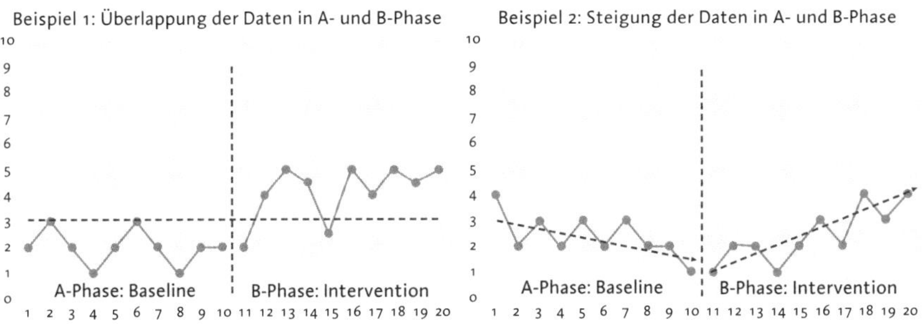

Abb. 13: Wichtige Elemente für die visuelle Inspektion eines Verlaufsgraphen

dafür, dass sich das Verhalten während der Förderung in die wünschenswerte Richtung verändert hat.

Liegt also der Trend der Verhaltensentwicklung in der Interventionsphase im Vergleich zur Grundratenphase günstiger, kann bei der visuellen Abschätzung des Fördererfolgs vorsichtig ein Fördererfolg angenommen werden.

Überlappende Daten

Um einzuschätzen, ob sich ein erwünschtes Verhalten gesteigert oder ein unerwünschtes Verhalten reduziert hat, kann analysiert werden, inwieweit die in der Grundratenphase erhobenen Daten oberhalb bzw. unterhalb der in der Interventionsphase erhobenen Daten liegen. Dieses Phänomen wird auch als Überlappung der Verlaufsdaten bezeichnet. Diese Überlappung kann zum einen visuell und zum anderen durch Effektstärken analysiert werden. Wir wollen zunächst darstellen, inwiefern die Überlappung der Daten im Rahmen der visuellen Inspektion einbezogen werden können.

Um den *Fördererfolg richtig beurteilen* zu können, muss zunächst geklärt werden, inwieweit die verwendete Beurteilungsskala einen Anstieg oder eine Verringerung der Daten in der Interventionsphase gegenüber den Daten aus der Grundratenphase als positive Entwicklung abbildet. D. h.: Ist das Ziel in der Interventionsphase eine Reduktion problematischer oder ein Aufbau positiver Verhaltensweisen?

Bei der visuellen Abschätzung geht es u. a. darum, den Anteil der Datenpunkte der Interventionsphase abzuschätzen, der in der erwarteten Richtung also entweder unter- oder oberhalb der Daten der Grundratenphase liegt. Hierzu sollte man sich an den (im Sinne des Förderziels) besten Werten in der Grundratenphase orientieren. Je mehr Werte in der Interventionsphase über den günstigsten Daten der Grundratenphase liegen, desto höher ist der Fördererfolg. So liegen in Abbildung 13 (Beispiel 1) von zehn Daten der Interventionsphase acht oberhalb der höchsten Daten der Grundratenphase, was insgesamt auf eine deutliche – in diesem Falle positive – Veränderung des Verhaltens hinweist.

Grenzen der visuellen Analyse

Die visuelle Analyse ist ein erster wichtiger Schritt der Datenauswertung. Wolery et al. (2008) zeigten jedoch in einer Studie, dass die rein visuelle Abschätzung von Verlaufsdaten oft nicht ausreichend präzise ist. Insbesondere wenn die Daten stark schwanken, ist eine visuelle Abschätzung sehr schwer. Weitere Probleme entstehen, wenn die Daten einer der beiden Phasen durch starke

Ausreißer verzerrt sind. Alresheed et al. (2013) empfehlen daher, die Verlaufsdaten zusätzlich über sogenannte Überlappungsindizes zu analysieren.

Berechnung von Überlappungsindizes als Effektstärkenmaße

Wie bereits erwähnt, stellen die Überlappungsindizes ein Effektstärkenmaß aus der kontrollierten Einzelfallforschung dar. Sie geben an, ob bzw. in welchem Ausmaß die Daten aus der Grundraten- und Interventionsphase „überlappen", d. h., inwiefern sie sich in dem gleichen Skalenbereich bewegen. Wenn sehr viele Werte der Interventionsphase in einem besseren Skalenbereich liegen als die Werte in der Grundratenphase, ist dies ein Indiz dafür, dass sich das Verhalten positiv entwickelt hat.

In der Literatur wird eine schwer überschaubare Anzahl an Kennwerten zur Analyse von Einzelfällen diskutiert, die sich teilweise nur minimal, zu Weilen aber auch erheblich unterscheiden. Hinzu kommt, dass im Grunde gleiche Berechnungsprozeduren unter verschiedenen Begriffen diskutiert werden und nicht alle dieser Statistiken in der Verhaltensdiagnostik Sinn machen. Für den alltäglichen Einsatz in der Schule sollen im Folgenden daher vier Kennwerte (PAND, POM, POM-T, NAP) skizziert werden, die in der Forschung verbreitet sind, sich auch für ungeübte Personen mit gerade noch vertretbarem Aufwand berechnen und überschauen lassen und im Kontext der Erfassung von Verhaltensverläufen sinnvoll erscheinen.

Prozent aller nicht überlappender Daten (PAND)

Der PAND gibt den Prozentsatz der Daten aus Grundraten- und Interventionsphase an, die nicht überlappen. Für die *Berechnung des PAND* werden zunächst jene Werte aus der Grundraten- und Interventionsphase identifiziert, die zwischen den Phasen zu einer Überlappung führen. Diese überlappenden Datenpunkte werden aus der Datenreihe eliminiert. Die Anzahl der verbleibenden Datenpunkte – also derjenigen Datenpunkte, die nicht überlappen – wird durch die Anzahl aller Datenpunkte geteilt und mit 100 multipliziert. Die Berechnung des PAND soll anhand eines Beispiels verdeutlicht werden.

BEISPIEL

Nehmen wir an, es wurde das **Sozialverhalten einer Schülerin/eines Schülers** über einen Zeitraum von zwei Schulwochen einmal täglich erfasst. Insgesamt liegen also zehn Messungen vor. Nach einer Woche, d.h. ab Messzeitpunkt 6, wurde eine Förderung zur Verbesserung des Sozialverhaltens eingeführt. Nach den zwei Wochen liegen folgende Werte vor:

- Grundratenphase (A): 3, 3, 2, 3, 1 und
- Interventionsphase (B): 6, 5, 3, 4, 5.

Nun müssen diese Werte in eine Rangreihe gebracht werden:
1(A), 2(A), 3(A), 3(A), 3(A), *3(B)*, 4(B), 5(B), 5(B), 6(B).

Es zeigt sich, dass ein Wert in der Interventionsphase (der Wert 3) mit den Werten aus der Grundratenphase überlappt. Daher wird dieser Wert aus der Rangreihe eliminiert, so dass die folgenden neun Datenpunkte beibehalten werden:
1(A), 2(A), 3(A), 3(A), 3(A), 4(B), 5(B), 5(B), 6(B).

Die verbleibenden Datenpunkte werden dann durch die Gesamtzahl aller ursprünglich erhobenen Daten (10) geteilt und mit 100 multipliziert:
9/10 = 0,9 * 100 = 90%.

Der PAND für diese Datenreihe beträgt also 90%, was bedeutet, dass die Daten aus Grundraten- und Interventionsphase zu 90% überlappungsfrei sind.

Für die *Interpretation des PAND-Wertes* gibt es keine Konventionen, aber es existieren Faustregeln. So gibt ein PAND-Wert von 50% oder weniger an, dass die Unterschiede zwischen Grundraten- und Interventionsphase zufällig zustande gekommen sind. Ab einem Wert von 70% könnte ein kleiner, ab 80% ein mittlerer und ab 90% ein großer Effekt vorliegen.

Prozent der Daten oberhalb des Medians (POM)

Der POM (Ma 2006) gibt den Prozentsatz an Datenpunkten aus der Interventionsphase an, die über dem Median der Grundratenphase liegen. Zur *Berechnung* wird die Anzahl an Datenpunkten der Interventionsphase, die über dem Median aus der Grundratenphase liegen, durch die Gesamtzahl aller Datenpunkte der Interventionsphase geteilt. Damit ist er relativ robust gegenüber Decken- und Bodeneffekten in den Daten. Auch die Berechnung des POM soll durch ein Beispiel verdeutlicht werden.

BEISPIEL

Wir nutzen für die **Berechnung des POM** die exakt gleiche Datenreihe wie im zuvor beschriebenen Beispiel, also

- Grundratenphase (A): 3, 3, 2, 3, 1 und
- Interventionsphase (B): 6, 5, 3, 4, 5.

Diesmal bilden wir jedoch keine Rangreihe, sondern berechnen den Median der Grundratenphase, also denjenigen Wert, der die Rangreihe der Daten in der Grundrate in zwei exakt gleich große Hälften teilt:
Grundratenphase (A): 1, 2, *3*, 3, 3.
Im vorliegenden Beispiel ist das der Wert 3.

Nun prüfen wir, ob und falls ja, wie viele Daten aus der Interventionsphase über dem Median der Grundratenphase liegen:
Interventionsphase (B): *6, 5, 3, 4, 5.*

Lediglich ein Datenpunkt (der Wert 3) liegt nicht über dem Median der Grundratenphase, d.h., insgesamt liegen vier nicht-überlappende Daten vor. Diese Zahl wird nun durch die Gesamtzahl der Datenpunkte in der Interventionsphase geteilt und mit 100 multipliziert: 4/5 = 0,8 * 100 = 80%.

Der POM liegt also bei 80%, was bedeutet, dass 80% aller Datenpunkte in der Interventionsphase über dem Median aus der Grundratenphase liegen.

Der POM kann Werte zwischen 0 und 100% annehmen, wobei die *Interpretation des Koeffizienten* zwischen 70 und 90% einen moderaten Effekt und ab 90% einen starken Effekt indiziert (Alresheed et al. 2013).

Der POM bietet den Vorteil, dass er die Fördererfolge bei stark schwankenden Beurteilungswerten in der Grundratenphase genauer abbilden kann. Aber auch der POM berücksichtigt keinen Trend in den Daten (Beispiel 2, Abb. 13). In diesem Falle bildet der Prozentsatz der Daten oberhalb des Trends (POM-T) einen besseren Eindruck von der Entwicklung.

Prozent der Daten oberhalb des Trends (POM-T)

Der POM-T gibt an, wie viel Prozent der Datenpunkte der Interventionsphase über dem Trend aus der Grundratenphase liegen. Er bildet also das trendbasierte Äquivalent zum POM. Zur *Berechnung des POM-T* wird zunächst der Trend der Grundratenphase berechnet und die darauf basierende Trendlinie sowohl durch die Grundraten- als auch durch die Interventionsphase gezogen (Alresheed et al. 2013). Dann werden die Datenpunkte der Interventionsphase, die über dem Trend aus der Grundratenphase liegen, ausgezählt, durch die Gesamtzahl der Datenpunkte der Interventionsphase geteilt und mit 100 multipliziert. Damit bezieht der POM-T den Trend der Baselinephase in die Kalkulation mit ein.

Der POM-T ist komplizierter zu berechnen als die übrigen hier erwähnten Methoden. Das liegt vor allem an der erforderlichen Berechnung des Trends. Auch hier existieren verschiedene Berechnungsprozeduren. Wir stellen im Folgenden die Berechnung eines medianbasierten Trends dar, da dieser mit einigem Aufwand noch von Hand berechnet werden kann.

Hierfür müssen zunächst die Daten der Grundratenphase in zwei gleiche Abschnitte aufgeteilt werden. Aus beiden Abschnitten wird jeweils der Median (MEDa1 und MEDa2) berechnet. Die Differenz aus MEDa2 und MEDa1 spiegelt den Trend der Grundratenphase wider. Ist der Trend positiv, sind die Daten innerhalb der Grundratenphase (auch ohne Intervention) leicht angestiegen; ist der Trend negativ, haben wir es innerhalb der Grundratenphase dementsprechend mit einer Abmilderung der Beurteilungswerte zu tun. Um einen Eindruck zu bekommen, um wie viele Punkte sich das Verhalten in der Grundratenphase pro Messzeitpunkt verändert hat, teilt man diese Differenz durch die Anzahl der Messwerte der Grundratenphase.

In Abbildung 13 (Beispiel 2) ist MEDa1 = 3 und MEDa2 = 2. Bei insgesamt zehn Messzeitpunkten der Grundratenphase bedeutet dies, dass sich der Beurteilungswert (ausgehend vom MEDa1) um -0,1 Beurteilungspunkte pro Messzeitpunkt verändert hat. Nimmt man nun eine Prognose für die Interventionsphase vor, müsste sich der Median pro Messpunkt der Interventionsphase jeweils auch um 0,1 verringern. Ausgehend von MEDa1 würde man für diese/n SchülerIn (ohne gezielte Unterstützung) somit nach 20 Beurteilungszeitpunkten einen Wert von 1,0 vorhersagen. Das Prinzip der Berechnung des POM-T besteht nun darin, dass für jeden Beurteilungspunkt der Interventionsphase geprüft wird, inwieweit der Beurteilungswert (je nach Förderziel) unter bzw. über dem (aufgrund des Trends) zu erwartenden Wert liegt. Es werden dabei die Anzahl der Werte oberhalb des Trends in der Interventionsphase (OTb) gezählt. Der POM-T drückt (analog zum POM) nun das Verhältnis der Werte der Interventionsphase oberhalb dieses Erwartungswertes und der Gesamtzahl der Messwerte der Interventionsphase (Nb) aus (POM-T = OTb/Nb x 100). Für Beispiel 2 in Abbildung 13 würde sich der Erwartungswert ausgehend von MEDa1 pro Beurteilungspunkt um 0,1 verringern. Nach zehn Beurteilungspunkten läge der Beurteilungswert bei 2,0, nach 15 bei 1,5 und nach 17 bei 1,3 usw. Insgesamt liegen in Abbildung 13 (Beispiel 2) acht von insgesamt zehn Werten oberhalb des Erwartungswerts, so dass der POM-T bei 80% liegt.

Der POM-T kann Werte zwischen 0 und 100% annehmen, wobei die *Interpretation des Koeffizienten* zwischen 70 und 90% einen moderaten Effekt und ab 90% einen starken Effekt indiziert (Alresheed et al. 2013). Der Vorteil des POM-T gegenüber anderen Kennwerten zur Abschätzung von Fördererfolgen liegt darin, dass er den Trend der Grundratenphase einbezieht. Der Nachteil besteht vor allem in der komplizierten Berechnung, so dass dafür mehr Zeit als bei vergleichbaren Werten eingeplant werden sollte. Mit Übung gelingt die Berechnung zunehmend schneller und ermöglicht somit eine genauere Einschätzung der Verhaltensentwicklung.

Nicht-Überlappung aller Datenpaare (NAP)

Der Non-Overlap of All Pairs (kurz: NAP) gibt an, wie viel Prozent der Daten aus der Interventionsphase über den jeweils gleichen Messzeitpunkten in der Grundratenphase liegen, d.h., es findet ein paarweiser Vergleich der Daten aus Grundraten- und Interventionsphase statt. Dieser paarweise Vergleich lässt sich in seiner grundlegenden Systematik mit folgender Analogie aus dem Sport verdeutlichen. Nehmen wir an, zwei Teams bestehend aus jeweils fünf Sportlern treten im Hochsprung gegeneinander an. Dabei gilt die Regel, dass jeder Springer aus Team 1 gegen jeden Springer aus Team 2 antritt. Es werden also Paare gebildet, die sich im direkten Vergleich messen und jeder Springer aus einem Team tritt gegen jeden Springer aus dem jeweils anderen Team an. Der Sportler, der höher springt, erzielt einen Punkt für sein Team. Am Ende werden also 25 Punkte vergeben, da insgesamt 25 Sportlerpaare gegeneinander antreten. Springen zwei Konkurrenten gleich hoch („unentschieden“), bekommt jedes Team einen halben Punkt. Das Team, das die meisten dieser Duelle für sich entschieden hat, holt am Ende den Gesamtsieg.

Diese Analogie lässt sich wie folgt auf den NAP übertragen. Es gibt zwei Teams, und zwar die Grundraten- und die Interventionsphase. Jedes Team schickt eine bestimmte Anzahl an Sportlern ins Feld, und zwar die Messzeitpunkte 1 bis X. Dann treten die Messzeitpunkte im direkten Vergleich gegeneinander an, (also jeder MZP der Grundratenphase gegen jeden MZP der Interventionsphase), indem die gemessenen Werte miteinander verglichen werden. Im Falle eines Fördererfolgs sollte das „Team“ der Interventionsphase gewinnen.

Der NAP wird nun so *berechnet*, indem die Anzahl an höheren Werten in der Interventionsphase (also die „Gewinner“daten) mit der Anzahl an identischen Werten in Grundraten- und Interventionsphase (also die „unentschiedenen“, multipliziert mit 0.5, da es hierfür ja nur einen halben Punkt gibt) addiert und das Ergebnis durch die Gesamtzahl an vergleichbaren Paaren geteilt wird.

Auch hier möchten wir die Berechnung anhand des bereits genannten Rechenbeispiels veranschaulichen.

BEISPIEL

Folgende **Datenreihen** wurden gemessen:
- Grundratenphase (A): 3, 3, 2, 3, 1 und
- Interventionsphase (B): 6, 5, 3, 4, 5.

Nun treten die Werte der Phasen gegeneinander an, indem geprüft wird, bei welchen Datenpaaren der Wert in der Interventionsphase über dem Äquivalent in der Grundratenphase liegt.

Insgesamt liegen 22 Werte der Interventionsphase über dem jeweiligen Vergleichswert aus der Grundratenphase (insgesamt 22 Punkte). Drei Werte der Interventionsphase nehmen im paarweisen Vergleich zur Interventionsphase den gleichen Wert an (3*0,5 Punkte = 1,5 Punkte). Die Summe aller Punkte (also 23,5) wird nun durch die Gesamtanzahl der Paare geteilt und mit 100 multipliziert: 23,5/25 = 0,94 * 100 = 94%. Der NAP liegt also bei 94%, was bedeutet, dass bei 94% aller Datenpaare der Wert der Interventionsphase über dem entsprechenden Wert der Grundratenphase liegt.

Der NAP kann Werte von 50 bis 100 annehmen, wobei 50 bedeutet, dass die Unterschiede zwischen Grundraten- und Interventionsphase zufällig zustande gekommen sind.

Weitere Verfahren zur Analyse von Verlaufsdaten

Interessierte Leser, die mehr über die Möglichkeiten der Analyse von Verlaufsdaten bei Einzelfällen erfahren möchten, seien an dieser Stelle auf Alresheed et al. (2013) verwiesen. Die Autoren unterscheiden in einem systematischen Review neben den hier genannten Indizes sieben weitere (nicht parametrische) Maße zur Einschätzung von Verlaufsdaten.

Darüber hinaus werden in der fachwissenschaftlichen Literatur sogenannte regressionsbasierte Analysemethoden diskutiert (z.B. Huitema/McKean 2000; Wilbert 2014). Diese Methoden haben eine stärkere Aussagekraft als die genannten Überlappungsindizes, lassen sich jedoch nur noch mit entsprechender Analysesoftware berechnen.

4.7 Schritt 7: Wie interpretiere ich die Ergebnisse der Direkten Verhaltensbeurteilung?

Sind die Daten visualisiert und ausgewertet, müssen sie in einem letzten Schritt interpretiert werden. Bei der Interpretation von DVB-Daten geht es darum, praktikable Förderentscheidungen auf Basis der erfassten Daten zu treffen. Auf Grundlage der zuvor dargestellten Schritte empfehlen wir, die Interpretation in fünf Schritten vorzunehmen:

1 Vergegenwärtigung von Fragestellung, Förderzielen und Förderhypothesen,
2 Kontextualisierung der Verlaufsdaten,
3 Rückführung der Ergebnisse auf Einflussfaktoren,
4 Anpassung und Optimierung von Einflussfaktoren,
5 Planung der nächsten Förderphase.

Im Folgenden werden diese fünf Schritte zur Interpretation von DVB-Daten beschrieben.

Vergegenwärtigung von Fragestellung, Förderhypothesen und Förderzielen

DVB-Prozesse sind kein Selbstzweck, sondern immer einem Förderziel untergeordnet, das dem Wohle von SchülerInnen dient (Kap. 2). Das Förderziel sollte konkret formuliert werden, bevor Verlaufsdaten erhoben werden. Für welche Förderziele bzw. für welche Fragestellungen und Förderhypothesen der Einsatz von DVB geeignet ist, haben wir bereits erläutert. Liegen die DVB-Daten vor, kann geprüft werden, ob ein Förderziel erreicht wurde und eine Förderhypothese angenommen werden kann oder abgelehnt werden muss.

In der schulischen Praxis wird die DVB in der Regel eingesetzt, um zu überprüfen, wie sich das konkrete Verhalten von SchülerInnen (nach der Einführung einer Förderung) entwickelt. Sie kann also entweder eingesetzt werden, um die Ausgangslage einer Verhaltensentwicklung zu erfassen oder um zu prüfen, ob eine Förderung erfolgreich ist und „beim Kind ankommt".

Die Interpretation der erhobenen Daten beginnt also damit, sich zu vergegenwärtigen, mit welchem Ziel und bezogen auf welche Fragestellung die

Daten erhoben wurden. Welches Verhalten sollte erfasst werden? Wann wurde die Förderung eingeführt? Wieso wurde eine Verbesserung des Verhaltens erwartet? Eine solche Konkretisierung strukturiert den Prozess der Interpretation.

Bereits in diesem Schritt sollten Kontext- und Umweltfaktoren, die das Verhalten von SchülerInnen positiv und negativ beeinflussen könnten, mitbedacht und notiert werden. Solche Faktoren sind Ereignisse, die im direkten Umfeld von SchülerInnen während der Verhaltensmessung aufgetreten sind. Da diese Umweltfaktoren häufig auch in anderen Kontexten auftreten (z. B. in der Pause kurz vor dem Beurteilungszeitraum), ist es sinnvoll, die Interpretation gemeinsam im Team vorzunehmen. In der Regel lassen sich durch mehrere Personen, die eine/n SchülerIn und ihr/sein Umfeld aus verschiedenen Blickwinkeln und Kontexten kennen, mehrere und neue Ansätze für die weitere Unterstützung identifizieren. Auch die Eltern können hierbei wichtige Hinweise auf Veränderungen geben. Wichtig ist dabei, dass keine Aussagen über eine kausale Wirkung der Intervention auf das Verhalten getätigt werden können. Jedoch können alle Faktoren, die im Rahmen einer solchen systemischen Diagnostik als mögliche Einflussfaktoren identifiziert werden, direkt in die Formulierung neuer Förderhypothesen einfließen.

Um die Interpretation von DVB-Daten zielführend und effektiv vornehmen zu können, können die Fragstellung, die Förderziele und die Förderhypothesen zu Beginn vergegenwärtigt werden. Weiterhin könnte überlegt werden, inwiefern es Sinn macht, weitere beteiligte Personen in die Interpretation einzubeziehen.

Kontextualisierung der Verlaufsdaten

Der Kontext, in dem die DVB-Daten entstanden sind, spielt eine zentrale Rolle bei der Interpretation. Daher empfehlen wir für die schulische Praxis eine Kontextualisierung der DVB-Daten. Dies bedeutet, dass man den Verhaltensverlauf mit wichtigen Ereignissen und Veränderungen im Umfeld von SchülerInnen ergänzt. Abbildung 14 zeigt exemplarisch, wie eine solche Kontextualisierung von DVB-Daten aussehen könnte.

Durch die Betrachtung des DVB-Verlaufs im Kontext der Ereignisse und Interventionen lassen sich sowohl die Wirksamkeit von DVB-Daten einer ersten Prüfung unterziehen als auch Hinweise für mögliche Einflussfaktoren finden. So lassen sich in der Abbildung 14 einige Hinweise darauf finden, dass „stärkeres Strukturieren der schulischen und häuslichen Abläufe" eine Förderhypothese darstellt, die weiter getestet werden müsste. So waren Wechsel in das

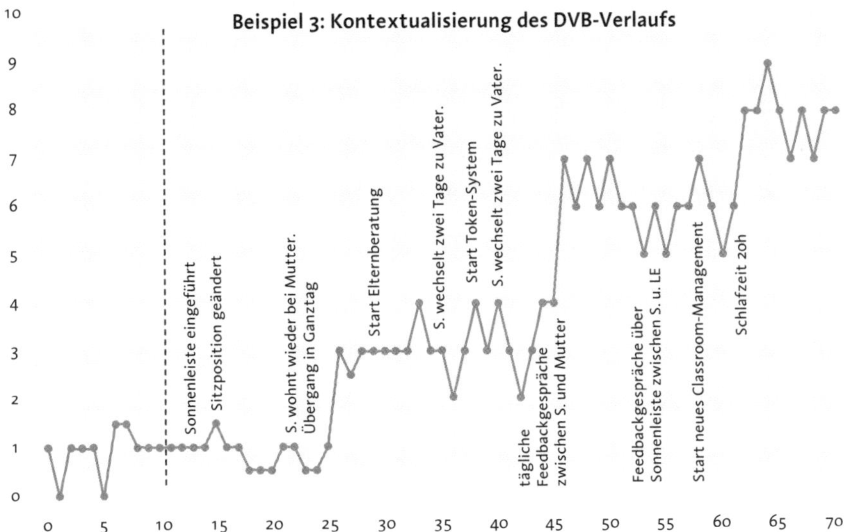

Abb. 14: Beispiel 3: Kontextualisierung des DVB-Verlaufs

strukturiertere häusliche Umfeld der Mutter mit einer Verbesserung des Verhaltens verbunden, kurze Wechsel zum Vater gingen mit schlechterem Verhalten einher. Aus dem Verhaltensverlauf ergeben sich jedoch auch Hinweise darauf, dass eine reine strukturelle Veränderung (z. B. die Einführung der Sonnenleiste) ohne Wirkung blieb, wenn sie nicht mit einer Verbesserung der Eltern-Kind-Kommunikation oder der SchülerInnen-Lehrkraft-Kommunikation verbunden war. Daraus ließe sich die Förderhypothese ableiten, dass eine Verbesserung der Eltern-Kind-Kommunikation bzw. der SchülerInnen-Lehrkraft-Kommunikation zu einer Verhaltensverbesserung führen könnte. Zuschreibungen von Ursachen und Wirkungen im Einzelfall können jedoch auch hier nicht vorgenommen werden. Vielmehr sind Aussagen darüber zulässig, welche Kontextfaktoren mit welchen Verhaltensveränderungen verbunden sind (Kapitel 2).

Rückführung der Ergebnisse auf Einflussfaktoren

Bei der Interpretation von Verhaltensverläufen neigen wir dazu, die DVB-Daten auf Ursachen zurückzuführen, die uns plausibel und naheliegend erscheinen. Tatsächlich lassen sich Verhaltensänderungen auf mindestens drei Ursachen zurückführen – und zwar auf schülerInnenbedingte Faktoren, auf situationsbedingte Faktoren sowie auf beurteilerInnenbedingte Faktoren.

SchülerInnenbedingte Faktoren

Wenn sich das Verhalten von SchülerInnen tatsächlich verändert, stellt dies im besten Falle das Resultat einer gezielten Handlung dar, von der man sich diese Verhaltensveränderung versprochen hat (z. B. eine Förderung). Durch pädagogische Handlungen treten dann tatsächlich Veränderungen im Verhalten der SchülerInnen auf, die sich auch durch die Ergebnisse der Verlaufsdiagnostik abbilden ließen. In diesem Fall läge die Ursache für die Verhaltensveränderung bei den SchülerInnen selbst.

Eine solche Veränderung ist nur über den Einsatz zusätzlicher, aufwändiger Beobachtungsverfahren prüfbar. Hier empfiehlt sich, abzuwägen, ob sich dieser Aufwand lohnt.

Situationsbedingte Faktoren

Verhaltensveränderungen können auch durch äußere Umwelteinflüsse entstehen. So könnte die Lehrkraft eine neue interessante Methode anwenden oder ein neues spannendes Unterrichtsthema beginnen. Eine solche Veränderung der Situation verändert gleichzeitig auch die Anforderungen an SchülerInnen, im Unterricht das gewünschte Verhalten zu zeigen. Eine Veränderung in den DVB-Daten käme in diesem Falle nicht durch einen Kompetenzzuwachs der SchülerInnen zustande, sondern durch eine Veränderung der Beurteilungssituation.

In der Statusdiagnostik wird dieser Effekt durch einen möglichst hohen Standardisierungsgrad abgemildert. In der Verlaufsdiagnostik ist eine Standardisierung der Beurteilungssituation jedoch nur bedingt möglich und tatsächlich auch gar nicht erwünscht, so dass diese Besonderheit bei der Interpretation von DVB-Daten immer berücksichtigt werden sollte.

Aus einem pädagogischen Blickwinkel sind solche situationsbedingten Faktoren von besonderer Bedeutung, da sie mit der Anpassung der Unterrichts- und Umweltbedingungen an die Kompetenzen von SchülerInnen eine zentrale Grundforderung der Inklusionspädagogik repräsentieren. So ist es aus inklusionspädagogischer Sicht zweitrangig, ob eine Verhaltensveränderung durch einen tatsächlichen Kompetenzzuwachs zustande kommt oder durch eine Verringerung der Schwierigkeit einer Situation.

BeurteilerInnenbedingte Faktoren

Auch die beurteilende Person hat einen Einfluss auf die Daten. So wäre beispielsweise denkbar, dass sich DVB-Daten im Verlauf der Zeit ändern, obwohl sowohl schülerInnenbezogene als auch situationsbezogene Faktoren weitgehend stabil bleiben. Die Veränderung wäre dann auf Ursachen in der beurteilenden Person selbst zurückführbar.

Die naheliegendste beurteilerInnenbedingte Veränderung von DVB-Daten ist die Veränderung der beurteilenden Person selbst (z. B. durch einen Lehrkraftwechsel). Da unterschiedliche Menschen unterschiedliche Werte und Normen sowie Wahrnehmungs- und Belastungsgrenzen haben, würden sich bei einer Veränderung der beurteilenden Person höchstwahrscheinlich auch die DVB-Daten ändern. Studien mit unterschiedlichen BeurteilerInnen kommen immer wieder zu dem Befund, dass unterschiedliche BeurteilerInnen das Niveau eines Verhaltens (z. B. auf einer Skala von 0 – 10) zwar signifikant unterschiedlich einschätzen, jedoch Verhaltensveränderungen vergleichbar wahrnehmen (Casale et al. 2015c; Huber / Rietz 2015). So würde beispielsweise ein / e BeurteilerIn eine Verhaltensentwicklung an zwei aufeinanderfolgenden Tagen von 3 nach 5 angeben, während ein / e andere / r BeurteilerIn an den gleichen Tagen einen Zuwachs von 4 nach 6 sehen würde. Dieser Effekt wird häufig bei beurteilenden Personen mit unterschiedlicher Expertise gefunden (z. B. Regelschullehrkraft und Lehrkraft für sonderpädagogische Förderung; Casale et al. 2017; 2019).

Vor diesem Hintergrund sollten also BeurteilerInnenwechsel in der schulischen Praxis vermieden werden. Sind sie unvermeidbar, sollten sie im Rahmen der Kontextualisierung angegeben werden.

Eine weitere beurteilerInnenbedingte Ursache für die Veränderung von DVB-Daten ist eine Einstellungsänderung, die zu einem veränderten BeurteilerInnenverhalten führt. In der Praxis lässt sich der Einfluss von solchen Einstellungsänderungen insbesondere dadurch abmildern, dass die Beurteilungen von mehreren Personen (jeweils immer zu den gleichen Zeitpunkten) vorgenommen werden.

Eine dritte mögliche beurteilerInnenbezogene Ursache für die Veränderung von DVB-Daten liegt in der Erwartungshaltung der beurteilenden Person. So könnte es sein, dass Veränderungen (aber auch stagnierende Beurteilungen) als Resultat einer selbsterfüllenden Prophezeiung zustande kommen. Dieses Phänomen ist in der Test- und Messtheorie sowie in der Forschung vielfach dokumentiert (z. B. Brophy 1983; Jussim/Harber 2005) und könnte auch in DVB-Prozessen dazu führen, dass Verlaufsdaten weniger die tatsächliche Verhaltensentwicklung von SchülerInnen abbilden, sondern die Erwartungshaltung und das „Wunschdenken“ einer Lehrkraft. Auch dieser Urteilsfehler lässt sich in der schulischen Praxis insbesondere dadurch abmildern, dass DVB-Messungen nicht nur von einer Person, sondern von einer gleichbleibenden Anzahl an Lehrkräften (zu gleichbleibenden Zeitpunkten) vorgenommen werden.

Die genannten Ursachen erlauben eine Einschätzung darüber, ob und in welche Richtung sich ein Verhalten verändert hat und inwiefern diese Verhaltensveränderung mit bestimmten Faktoren zeitgleich auftritt. Damit können sie wertvolle Hinweise für die Gestaltung und Veränderung von Förderung liefern.

5 Diagnostik und Förderung verknüpfen: Anwendungsfelder der Direkten Verhaltensbeurteilung

Nachdem in den vorherigen Kapiteln die DVB in ihren theoretischen, konzeptionellen und empirischen Grundlagen dargestellt sowie im Rahmen einer Schritt-für-Schritt-Anleitung der Entwicklungs-, Umsetzungs- und Auswertungsprozess erläutert wurde, möchten wir in diesem letzten Kapitel näher auf ausgewählte Handlungsfelder der schulischen Praxis eingehen und den spezifischen Nutzen der DVB im Rahmen der praktischen Arbeit präsentieren. Wir legen die Schwerpunkte dabei auf die Verhaltensmodifikation als einer der wirksamsten Ansätze der sozial-emotionalen Entwicklungsförderung, die Förderplanung als wesentliche Grundlage einer erfolgreichen Implementation, die multiprofessionelle Arbeit im Team sowie die Beratung von Eltern und Erziehungsberechtigten.

Diese Handlungsfelder überlappen und sind in der schulischen Praxis nur selten voneinander zu trennen. Da die DVB bzw. ihre Ergebnisse je nach praktischer Anforderung unterschiedlich genutzt werden können, stellen wir die jeweiligen Handlungsfelder gesondert dar.

5.1 Anwendungsfeld I: Förderung durch Verhaltensmodifikation

Theoretische Grundlagen und Methoden

Grundsätzlich geht man bei der Verhaltensmodifikation davon aus, dass problematisches Verhalten im Unterricht immer erlernt ist. Grundlage dieses Lernvorgangs sind operante Konditionierungsprozesse, also Verstärkungen und Bestrafungen. Übertragen auf die Schule bedeutet diese Annahme, dass SchülerInnen den Unterricht stören oder ein bestimmtes auffälliges Verhalten zeigen, weil sie in der Vergangenheit gelernt haben, dass dieses Verhalten für sie mit positiven Konsequenzen (positive Verstärkung, z. B. die anderen Kinder bewundern das störende Kind) verbunden ist oder sie unangenehmen Konsequenzen durch ihr Verhalten entgehen können (negative Verstärkung, z. B. durch die Störung müssen die störenden SchülerInnen die ungeliebten Matheaufgaben nicht bearbeiten). Gleichzeitig haben sie gelernt, dass die positiven Folgen ihres Verhaltens stärker überwiegen als die negativen Konsequenzen. Negative Konsequenzen können z. B. Bestrafungen durch die Lehrkraft (z. B. die Lehrkraft schimpft) oder die Aufhebung einer eigentlich positiven Situation (indirekte Bestrafung, z. B. Streichung eines PC-Spiels in der Pause) sein.

Auslöser für das gelernte Verhalten können einerseits bekannte Situationen sein, die mit den positiven Konsequenzen in der Vergangenheit verbunden waren (z. B. wenn die Lehrkraft das ungeliebte Mathebuch herausholt und Aufgaben ankündigt, die ein/e SchülerIn nicht mag). Andererseits kann das Verhalten durch die tatsächlichen bzw. erhofften Konsequenzen ausgelöst werden, die ein/e SchülerIn im Rahmen vergleichbarer Erfahrungen und Situationen (kennen-)gelernt hat. Einen umfassenden Einblick in die Technik der Verhaltensmodifikation gibt z. B. Narciss (2011).

Das *Prinzip der Verhaltensmodifikation* besteht nun darin, sowohl auslösende Reize (Stimuli) als auch die Konsequenzen eines Verhaltens sowie die zeitliche Nähe und die Regelmäßigkeit der Konsequenzen so zu verändern, dass ein/e SchülerIn das unerwünschte Verhalten reduziert oder einstellt und stattdessen Verhaltensweisen erlernt, die mit dem Problemverhalten inkompatibel und für die weitere Entwicklung förderlich sind. Bei der Verhaltensmodifikation kommt es ferner darauf an, dass (positive oder negative) Konsequenzen möglichst in einer engen zeitlichen Nähe zu dem (un-)erwünschten Verhalten stehen. Nur so ist es möglich, das eigene Verhalten in eine (inhaltliche) Verbindung mit der Konsequenz zu bringen.

Auf dem Prinzip des Verstärkungslernen wurden in der Vergangenheit sogenannte Tokensysteme (oder Münzverstärkersysteme) aufgebaut. Token- oder Münzverstärkersysteme sind pädagogische Interventionskonzepte, bei denen SchülerInnen für erwünschtes Verhalten eine positive Verstärkung erhalten. Diese Verstärkung wird bei Tokensystemen jedoch nicht direkt (z. B. durch ein Lob, oder eine Belohnung; sogenannte primäre Verstärker), sondern indirekt durch eine Wertmarke (engl. Token; sogenannte sekundäre Verstärker) gegeben. Token sind später jeweils in direkte bzw. primäre Verstärker umtauschbar, sobald die Anzahl der für eine Belohnung erforderlichen Wertmarken erreicht ist. So könnte sich ein/e SchülerIn z. B. 30 Minuten Spielen am PC durch fünf Tokens verdienen, 60 Minuten würden entsprechend zehn Token kosten und ein Nachmittag im Schwimmbad mit einem Elternteil würde 20 Token kosten.

Funktionen, Rolle und Potenziale der DVB

Die DVB kann als Grundlage für solche Tokensysteme eingesetzt werden. Dies kann durch eine relativ leichte, pädagogische Finesse erfolgen, in dem man die DVB selbst zum Tokensystem macht. So erfüllt die DVB direkt zwei Funktionen: Erstens erfasst sie Daten zum Verhaltensverlauf und zweitens dient sie als operante Fördermethode.

Nutzt man beispielsweise eine SI-Skala mit elf Skalenpunkten (0 – 10) und beurteilt das Verhalten von SchülerInnen zu vier Zeitpunkten am Schultag (z. B. jeweils nach den ersten vier Schulstunden), können die Beurteilungen auf der Skala gleichzeitig als Token genutzt werden. So könnte ein/e SchülerIn maximal 40 Punkte (oder auch: Token) am Schultag erreichen. Diese 40 Punkte können wiederum in einen primären Verstärker getauscht werden. Wichtig ist jedoch, dass bei der „Preisgestaltung" der Belohnungen berücksichtigt wird, ob und inwiefern die Erreichung der vereinbarten Token für die Schülerin/den Schüler realistisch ist..

In einem *DVB-gestützten Tokensystem* empfehlen wir, den gesamten Prozess mit den SchülerInnen transparent zu besprechen. Hierzu schlagen wir fünf Schritte vor:

1 Verhaltensziel(e) festlegen und operationalisieren: Für SchülerInnen muss klar sein, welches Verhalten von ihnen erwartet wird. Hierzu ist es sinnvoll, das Zielverhalten mit den SchülerInnen zu besprechen. Analog zur Formulierung von DVB-Zielen ist es wichtig, dass das Verhalten für die SchülerInnen klar verständlich, nachvollziehbar und für die Lehrkraft beobachtbar ist. Hierzu ist es sinnvoll, das Zielverhalten sehr konkret zu operationalisieren. Unter einer Operationalisierung versteht man in diesem Zusammenhang, dass ein abstraktes Zielverhalten in einfachere und beobachtbarere Verhaltensweisen untergliedert wird. So könnte die relativ abstrakte Dimension „Unterrichtsteilnahme" beispielsweise durch folgende konkrete Verhaltensweisen operationalisiert werden:

a Ich schaue die Lehrerin an, wenn sie etwas erklärt.
b Ich schaue meine MitschülerInnen an, wenn sie etwas erklären.
c Ich beginne direkt mit meinen Aufgaben.
d Ich beende meine Aufgaben.
e Ich melde mich, wenn eine Frage beantwortet werden soll.

Diese Operationalisierungen sind dann im weiteren Verlauf eines DVB-gestützten Tokensystems die Grundlage für die Tokenvergabe.

2 Ziel und Operationalisierung mit den SchülerInnen besprechen: Ein/e SchülerIn kann das erwünschte Verhalten nur dann wirklich zeigen und aufbauen, wenn er/sie verstanden hat, was von ihm/ihr erwartet wird. Daher empfehlen wir, die Verhaltensziele und die Operationalisierungen zuvor mit den SchülerInnen zu besprechen, offene Fragen zu klären und auch Vorschläge der SchülerInnen zu berücksichtigen.

3 Belohnungen besprechen: Für die SchülerInnen muss die Belohnung transparent und attraktiv sein. Belohnungen, die zwar pädagogisch sinnvoll, aber für die SchülerInnen unattraktiv sind (z.B. ein/e SchülerIn darf eine Stunde lesen, obwohl er/sie nicht gerne liest), werden ihr Ziel verfehlen und den Erfolg der Maßnahme gefährden.
Spätestens an diesem Punkt muss entschieden werden, ob und inwieweit die Eltern in das Tokensystem einbezogen werden sollen (oder können), da im Elternhaus sehr attraktive Verstärker angeboten können (z.B. Computerspiele, Freizeitaktivitäten).

4 Tokenvergabe planen: Für die SchülerInnen muss klar und transparent sein, wann ein Verhalten beurteilt wird und in welchen Situationen sie die Token und somit die Belohnung verdienen können. Die Tokenvergabe sollte regelmäßig erfolgen und möglichst in zeitlicher Nähe zu dem gezeigten Verhalten stehen. Daher empfehlen wir, die DVB-Beurteilung und damit die Tokenvergabe nach jeder Schulstunde mit den SchülerInnen kurz zu besprechen. Wenn die Lehrkraft die Tokenvergabe anhand der Operationalisierung begründet, hat ein/e SchülerIn zudem die Chance, sein/ihr Verhalten besser und gezielter verändern und steuern zu können.

5 Tokensysteme regelmäßig auswerten und anpassen: Ziel eines DVB-gestützten Tokensystems ist es, dass unerwünschte Verhaltensweisen reduziert und erwünschte Verhaltensweisen aufgebaut werden. Bei einem DVB-gestützten Tokensystem wird dieser Prozess automatisch evaluiert, wenn die Anzahl der verdienten Token als DVB-Datenwert genutzt wird. Durch die Visualisierung eines DVB-Diagramms wird der Erfolg der Maßnahme für die Lehrkraft, die SchülerInnen sowie die Eltern transparent. Bei ausbleibendem Erfolg müssen die Verhaltensziele angepasst und/oder die Unterstützungsmaßnahmen erweitert oder verändert werden.

5.2 Anwendungsfeld II: Förderplanung

Theoretische Grundlagen und Modelle

Grundsätzlich gibt es zwei Arten, über Förderplanung nachzudenken. Erstens meint Förderplanung ganz allgemein und simpel den Prozess der Planung einer gezielten Förderung. Zweitens bezieht sich die sonderpädagogische Förderplanung auf eine Vorgabe, wie gezielte sonderpädagogische Förderung zu organisieren, zu dokumentieren und zu legitimieren ist. *Allgemeine Förderplanung* war bereits der Schwerpunkt des vorliegenden Buches. Hierzu haben wir an vielen Stellen (insbesondere Kap. 3) die allgemeinen Prozesse der Verknüpfung von Diagnostik und Förderung sowie deren Evaluation vorgestellt. Daher wollen wir in diesem Teilkapitel ausschließlich die zweite Art der Förderplanung betrachten.

Bevor wir klären können, was *sonderpädagogische Förderplanung* ist, müssen wir zuerst sonderpädagogische Förderung definieren: „Von sonderpädagogischer Förderung sprechen wir dann, wenn auf der Basis einer Förderdiagnose individuell spezifische Interventionen stattfinden, die in ihren Wirkungen einer Evaluation unterzogen werden und von Beratungsprozessen begleitet sind sowie in einen systematischen Begründungszusammenhang eingeordnet werden können" (Heimlich et al. 2015, 9).

In diesem Sinne meinen wir mit sonderpädagogischer Förderplanung, dass

DEFINITION

„die strukturellen, didaktisch-methodischen, organisatorischen und prozessualen Komponenten sonderpädagogischer Förderung in einen systematischen Begründungszusammenhang gestellt werden" (Heimlich et al. 2015, 12).

Es ist genau dieser systematische Begründungszusammenhang, der den Schwerpunkt des aktuellen Teilkapitels darstellt.

Sonderpädagogische Förderplanung kann auf der einen Seite juristisch und auf der anderen Seite pädagogisch beschrieben werden. Juristisch wird meist auf die bundeslandspezifischen Ausbildungsordnungen für sonderpädagogische Förderung (AO-SF) zurückgegriffen. Beispielsweise ergibt sich für Nordrhein-Westfalen die juristische Notwendigkeit der Förderplanung aus dem § 21 (7) der AO-SF, der regelt, dass für alle sonderpädagogisch geförderten SchülerInnen ein jeweils individueller Förderplan erstellt, überprüft und fortgeschrieben werden muss – dass aber individuelle Förderpläne auch für SchülerInnen ohne formal diagnostizierte Förderbedarfe erstellt und fortgeschrieben werden dürfen. Demnach *müssen* für alle SchülerInnen mit einem formal diagnostizierten sonderpädagogischen Förderbedarf und *dürfen* für alle weiteren SchülerInnen Förderpläne geschrieben werden. Die Entwicklung, Überprüfung und Fortschreibung soll laut Gesetz gemeinsam mit allen an der Förderung beteiligten Personen erfolgen (z. B. Eltern, Kind, Klassenleitung, Lehrkräfte für sonderpädagogische Förderung, sozialpädagogische Fachkräfte und Übermittagsbetreuung; Kap. 5.3).

§ 28 (2) AO-SF NRW regelt, dass SchülerInnen mit einem diagnostizierten Förderbedarf in der emotional-sozialen Entwicklung, falls ihre aktuelle Lebenssituation dies erfordert, im Rahmen des Förderplans von der regulären Stundentafel abweichend unterrichtet werden dürfen. Der Förderplan kann also eine Grundlage dafür sein, SchülerInnen mit diesem Förderbedarf zumindest in begrenztem Rahmen anders als die KlassenkameradInnen zu fördern.

§ 32 (1) und § 40AO-SF **NRW** regeln, dass die individuellen Leistungen der SchülerInnen mit diagnostizierten Förderbedarfen im Lernen oder in der geistigen Entwicklung auf der Grundlage der im individuellen Förderplan festgelegten Lernziele beschrieben werden müssen. Hiermit sind insbesondere die Leistungsfeststellungen gemeint, die in den beiden Förderschwerpunkten nicht auf der Basis des regulären Lehrplans, sondern aufgrund differenter und im Förderplan dargelegter Förderziele erfolgen werden müssen. Was also nicht im Förderplan steht, darf in diesen beiden Förderschwerpunkten streng genommen gar nicht bewertet werden, und in jedem Fall dürfen nur die individuellen Entwicklungen in diesen Zielen bewertet werden.

Pädagogisch können mindestens drei *Funktionen von Förderplänen* unterschieden werden (Melzer 2010).

Strukturierende Funktion: Durch den Förderplan können die beteiligten Personen ihre Arbeitsweisen aufeinander abstimmen, ihre Förderung systematisch planen und gezielt evaluieren.

Legitimierende Funktion: Der Förderplan begründet pädagogische, juristische und / oder schulorganisatorische Entscheidungen.

Koordinierende Funktion: Mit dem Förderplan tauschen sich alle an der Förderung beteiligten Personen leichter aus.

Der *Förderplan* ist ein mehrseitiges Dokument, häufig in tabellarischer oder stichpunktartiger Form. Zuerst werden die Lernausgangslage und die bisherige

Förderung beschrieben. Danach werden individuelle Förderziele für einen gewissen Zeitraum (z.B. ein halbes Jahr) festgelegt und konkrete Fördermaßnahmen beschrieben. Ebenso wird beschrieben, wie während des Förderzeitraums sowie danach die Wirksamkeit der Förderung evaluiert werden soll. Daran kann sich eine Art Tagebuch anschließen, in dem besondere Vorkommnisse und die konkreten Erfolge sowie Misserfolge der Förderungen systematisch dokumentiert werden. Der Förderplan ist spätestens mit Ablauf des Förderzeitraums fortzuschreiben, also weiterzuentwickeln. Pädagogisch gesehen ist ein Förderplan ein „lebendes" Dokument, das niemals fertig ist, immer weiter fortentwickelt wird und in dem die jeweiligen Evaluationsergebnisse gleichzeitig die Lernausgangslagen der Fortschreibung sind.

Funktionen, Rolle und Potenziale der DVB

Uns fallen mindestens vier Ideen ein, wie DVB bei der sonderpädagogischen Förderplanung verwendet werden können, nämlich:

1. die Beschreibung des Ist-Standes im Förderplan,
2. die Verwendung als Fördermethode,
3. die formative Evaluation und
4. die summative Evaluation.

Erstens können Lehrkräfte die Ergebnisse der DVB dafür nutzen, einen Teil der individuellen Lernausgangslage präzise zu beschreiben sowie bisherige wirksame oder unwirksame Förderungen darzulegen (Ist-Stand), auf deren Grundlagen dann Förderziele und -methoden erstellt oder fortgeschrieben werden. Beispielsweise können Lehrkräfte über den Mittelwert einer Reihe von DVB die vorrangigen Probleme einer Schülerin/eines Schülers beschreiben und, daran anschließend, Lernziele vorschlagen und Fördermaßnahmen entwickeln. Zur Entwicklung der Fördermaßnahmen kann die Lehrkraft auf die bisherigen Evaluationsergebnisse durch DVB zurückgreifen und daraus ableiten, dass eine andere als die bisher erfolgte Förderung durchgeführt werden sollte.

Zweitens können Lehrkräfte die DVB auch als Fördermethode verwenden, die im Förderplan festgelegt und spezifiziert wird. Beispielsweise kann im Förderplan formuliert werden, dass die DVB-Ergebnisse kleinschrittig an die SchülerInnen zurückgemeldet werden, um ihnen ein unmittelbares und verhaltensnahes Feedback zu geben, oder dass sie die DVB im Sinne einer Selbstbewertung selbstständig für sich ausfüllen. Schon dieses Feedback wird einigen SchülerInnen helfen, ihr eigenes Verhalten besser als bisher zu steuern. Zudem könnte das Feedback auch den Eltern mitgeteilt werden, wodurch die Zusammenarbeit mit dem Elternhaus erhöht werden könnte.

Drittens könnten DVB zur sogenannten formativen Evaluation des Förderplans verwendet werden, um die Wirksamkeit verschiedener geplanter Fördermaßnahmen mit dem Kind während des Förderprozesses zu bewerten. Bisher erfolgt die formative Evaluation in den meisten Förderplänen meist unsystematisch und nebenbei. Mit DVB kann die Sammlung solcher Informationen hochgradig systematisiert werden. Die Lehrkraft kann während möglicher Fördersitzungen aber auch in anderen Settings das Verhalten des Kindes mittels DVB erfassen und mit der Selbstwahrnehmung des Kindes abgleichen. Solche Ergebnisse können in der Anlage zum Förderplan gesammelt und kleinschrittig die Fördermaßnahmen aufgrund der Evaluationsergebnisse angepasst werden.

Viertens können die Ergebnisse der DVB auch zur sogenannten summativen Evaluation des Förderplans verwendet werden. Mit summativer Evaluation ist die Bewertung der Wirksamkeit des Förderplans gemeint, also ob die individuellen Förderziele erreicht werden konnten. Bei der Entwicklung von Förderplänen wird bereits ein Ablauf-, Fortschreibungs- oder Evaluationsdatum festgelegt. Bis zu diesen Zeitpunkten können eine Reihe an DVB gesammelt werden, um zu entscheiden, ob die erfolgten Fördermethoden wirksam waren und/oder verändert (fortgeschrieben) werden sollten.

5.3 Anwendungsfeld III: Multiprofessionell arbeiten

Methoden der Diagnostik und Förderung im Verhaltensbereich sind besonders dann erfolgreich, wenn sie mit mehreren, an der Erziehung und Bildung des Kindes beteiligten Akteuren, umgesetzt werden.

Ein solches Vorgehen wird in der Theorie als multiprofessionelles Problemlösen (Deno 2005) bezeichnet. Unter „multiprofessionell" ist zu verstehen, dass verschiedene Berufsgruppen, die an der Förderung eines Kindes beteiligt sind, in pädagogische Entscheidungen miteinbezogen werden. Dies sind selbstverständlich die Lehrkräfte; aber auch SchulsozialarbeiterInnen, SchulpsychologInnen, andere außerschulische PartnerInnen aber auch die SchülerInnen selbst können in diesem Kontext substanziell zu gelingender Förderung beitragen.

Unter einer „Problemlösung“ verstehen wir sehr allgemein menschliches Handeln mit dem Ziel, die Diskrepanz zwischen einem wünschenswerten Zustand und dem tatsächlichen Zustand zu überwinden (Deno 2005).

Im pädagogischen Kontext besteht eine solche Diskrepanz häufig zwischen dem aktuellen und wünschenswerten Lern- und Entwicklungsstandes eines Kindes oder Jugendlichen. Multiprofessionelles Problemlösen definieren wir daher wie folgt:

DEFINITION

Multiprofessionelles Problemlösen bezeichnet die Zusammenarbeit verschiedener Berufsgruppen zur Lösung eines praktisch-relevanten Problems, d. h. zur Überwindung einer Diskrepanz zwischen einem wahrgenommenen und wünschenswerten Zustand.

Bezogen auf den schulischen bzw. bildungsinstitutionellen Kontext existieren viele theoretische Modelle, die mögliche Vorgehensweisen im multiprofessionellen Problemlösen systematisieren (Bergan / Kratochwill 1990). Im Folgenden wollen wir ein Modell zum multiprofessionellen Problemlösen insbesondere hinsichtlich der Nutzung einer DVB skizzieren.

Theoretische Grundlagen und Modelle

Ein häufig genutztes und gut evaluiertes Problemlösemodell ist das *Conjoint Behavior Consultation Model* von Bergan und Kratochwill (1990). Sie systematisieren Problemlöseprozesse in vier Schritten (Bergan / Kratochwill 1990):

1. die Problemidentifikation,
2. die Problemanalyse,
3. die Implementation einer Methode zur Verbesserung des Problems und
4. die Evaluation, ob die Methode zur Verbesserung geführt hat.

Die Autoren betonen, dass die sequenzielle Abfolge dieser Schritte zwar einzuhalten sei, es aber in praktischen Settings durchaus zu Überlappung kommt.

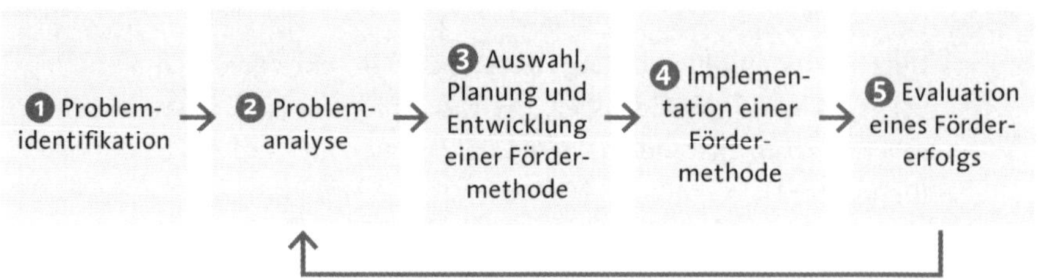

Abb. 15: Modell zur schulischen Problemlösung im multiprofessionellen Team (Volpe / Fabiano 2013, 12)

Volpe und Fabiano (2013) entwickelten dieses Problemlösemodell weiter und adaptierten es für den schulischen Kontext. Insgesamt erweiterten sie das Modell um drei wesentliche Komponenten: Erstens fügten sie einen weiteren Problemlöseschritt vor der Implementation einer Methode ein, nämlich die Auswahl, Planung, und Entwicklung der Methode. Zweitens bezeichnen sie schulische Problemlösung als sequenziell *und* zirkulär, d. h., der letzte Schritt 5 führt i. d. R. zu einem neuen Problemlöseprozess, beginnend bei Schritt 1. Drittens betonen Volpe und Fabiano, dass die pädagogischen Entscheidungen, die im Rahmen des Problemlöseprozesses anstehen, datenbasiert, d. h. auf der Grundlage diagnostischer Befunde getroffen werden. Abbildung 15 stellt das erweiterte Problemlösemodell von Volpe und Fabiano (2013) dar.

Schritt 1: Problemidentifikation

Die Problemidentifikation dient dazu, ein bestehendes Problem zu erkennen und zu konkretisieren. In Bezug auf das Verhalten von SchülerInnen geht es also darum zu ermitteln, ob das aktuelle Verhalten eines Kindes oder Jugendlichen das Lernen oder die Entwicklung so hemmt, dass eine zusätzliche Förderung sinnvoll sein könnte. Diese Entscheidung gilt es gemeinsam im Team zu treffen, z. B. durch die Lehrkraft, andere KollegInnen oder SchulsozialarbeiterInnen. Je nach Entwicklungsstand kann auch das Kind selbst in diesen Prozess einbezogen werden. Eine große Unterstützung liefern in diesem Schritt Daten, die z. B. aus universellen Screeningverfahren gewonnen wurden. Die Problemidentifikation ist erst dann abgeschlossen, wenn alle Beteiligten zu einer Entscheidung kommen, ob eine Diskrepanz zwischen dem aktuellen Verhalten und dem wünschenswerten Verhalten vorliegt und ob man diese Diskrepanz mit einer zusätzlichen pädagogischen Förderung adressieren sollte (Bergan / Kratochwill 1990).

Schritt 2: Problemanalyse

In der Problemanalyse wird das Problem spezifiziert. Es werden Faktoren ermittelt, die das Problem bedingen und die für eine Problemlösung adressiert werden müssen. Gleichzeitig gilt es herauszufinden, welche Ressourcen für eine Problemlösung genutzt werden können.

In Bezug auf das Verhalten von SchülerInnen erfolgt die Problemlösung i. d. R. durch eine genaue Beschreibung der Verhaltensausgangslage vor dem Hintergrund spezifischer Fragestellungen. Welches Verhalten ist problematisch? Wie äußert sich problematisches Verhalten? Wann tritt das problematische Verhalten auf (z. B. nur in bestimmten Unterrichtsfächern)? Wie häufig tritt das problematische Verhalten auf? Berichten KollegInnen und/oder die Eltern von ähnlichen Problemen?

In diesem Kontext ist es von enormer Bedeutung, mit verschiedenen Personen (z. B. KollegInnen, Eltern, Kind) Gespräche zu führen und auch verschiedene systemische Komponenten in die Analyse miteinzubeziehen (Huber/Casale 2015). Die DVB kann hier bereits einen kleinen Beitrag leisten – und zwar zur Eingrenzung der Ausprägung und Intensität des Verhaltens. Die gewonnen Daten geben Aufschluss darüber, in welchen Situationen mit welcher Intensität welche Verhaltensweisen auftreten.

Schritt 3: Auswahl, Planung und Entwicklung einer Fördermethode

Ausgehend von den Ergebnissen aus der Problemanalyse erfolgen im dritten Schritt die Auswahl, Planung und Entwicklung einer potenziell geeigneten Fördermethode. Die beteiligten Personen überlegen gemeinsam, welche Fördermethoden geeignet sein könnten, ob und wie diese für die SchülerInnen angepasst werden müssen und wie genau die Umsetzung erfolgen soll. Bei der Planung der Umsetzung ist es wichtig, die folgenden fünf „W-Fragen“ zu beantworten:

- *Was* soll gefördert werden?
- *Wie* soll gefördert werden?
- *Wann* soll gefördert werden?
- *Wo* soll gefördert werden?
- *Wer* übernimmt die Förderung?

Zusätzlich ist es wichtig zu überlegen, wie genau der Erfolg der Förderung evaluiert werden soll und zu welchen Zeiten die DVB von welcher Person bearbeitet und ausgewertet wird.

Schritt 4: Implementation einer Fördermethode

In der Implementationsphase wird die Fördermethode umgesetzt, wie sie in Schritt 3 geplant wurde. Ggf. gilt es, auf situative Anforderungen zu reagieren und die Förderung anzupassen (z. B. Fachlehrkraftwechsel, neuer Stundenplan). Mit Einführung der Fördermethode werden weiterhin Daten mittels DVB erhoben. So kann hinterher beurteilt werden, ob die Implementation der Fördermethode zu einem Fördererfolg geführt hat.

Schritt 5: Evaluation des Fördererfolgs

Die Evaluation des Fördererfolgs dient der Prüfung, ob das identifizierte Problem gelöst werden konnte, d. h., ob ein bestehendes Verhaltensproblem reduziert oder eine wünschenswerte Kompetenz aufgebaut wurde. Diese Evaluation erfolgt i. d. R. durch einen Vergleich der Verhaltensausprägung nach der Implementation einer Fördermethode mit der Verhaltensausprägung vor der Implementation. Dieser Vergleich erfolgt datenbasiert. Die DVB ist aufgrund der in Kapitel 3 genannten Stärken hervorragend für einen solchen Vergleich geeignet. Sie liefert mit relativ geringem Aufwand in einem recht schnellen Zeitraum zuverlässige Ergebnisse, die für die Beurteilung des Fördererfolgs genutzt werden können.

Weisen die DVB-Ergebnisse darauf hin, dass sich das Verhalten durch die Fördermethode verbessert, kann sie zunächst beibehalten werden. Falls das Verhalten kein Problem mehr darstellt, wäre zu überlegen, ob die spezifische Förderung eingestellt werden kann. Weisen die DVB-Ergebnisse jedoch auf keinen wünschenswerten Fördererfolg hin, sollte im multiprofessionellen Team überlegt werden, ob es sich um die passende Förderung für das Kind handelt, ob Förderung modifiziert werden muss oder ob eine andere Förderung passender sein könnte.

Funktionen, Rolle und Potenziale der DVB

Die DVB kann multiprofessionelle Problemlöseprozesse datenbasiert gestalten. Die Ergebnisse der DVB können z. B. dafür genutzt werden, ein gemeinsames – auf Daten gestütztes – Verständnis eines Verhaltensproblems aufzubauen. Dies ist insbesondere dann hilfreich, wenn die unterschiedlichen Professionen eine unterschiedliche Sichtweise auf das Problem haben und die Diskrepanz zwischen dem aktuellen Zustand und einem wünschenswerten Zustand dadurch unterschiedlich wahrgenommen wird. So könnte z. B. die Klassenlehrkraft zu der Einschätzung kommen, dass ein/e SchülerIn in Gruppenarbeitsphasen starke Probleme im Sozialverhalten zeigt, die mit einer Förderung adressiert werden sollten. Die Fachlehrkraft könnte hingegen diese Einschätzung nicht teilen und sähe den Aufwand einer mit Mehrarbeit verbundenen Intervention nicht gerechtfertigt. Die DVB könnte in diesem Fall Daten liefern, die für eine sachlich angemessene Einschätzung des Problems genutzt werden können, um eine praktikable Entscheidung herbeizuführen.

Ausgehend von dem zuvor genannten Problemlösemodell kann die DVB für eine datenbasierte Entscheidungsfindung im Rahmen der genannten Schritte genutzt werden. So kann die DVB beispielsweise die Ausgangslage erfassen, in dem sie die Ausprägung und die Intensität eines Verhaltens im Verlauf beschreibt. So könnte die Lehrkraft die DVB über einen Zeitraum von einer Woche einsetzen, um zu überprüfen, ob und falls ja, in welchem Ausmaß das Verhalten ein Problem darstellt und ob sich das Verhalten in bestimmten Situationen wiederholt (z. B. in offenen Unterrichtsformen). Gleichzeitig können diese Daten auch dazu genutzt werden, um ein bestehendes Verhaltensproblem genauer zu analysieren und passgenaue Fördermethoden abzuleiten.

Selbstverständlich ist die DVB auch für die Evaluation einer implementierten Fördermethode geeignet, da sie mit relativ geringem Aufwand in einem recht schnellen Zeitraum zuverlässige Ergebnisse liefert. So können die erfassten Verläufe von allen Professionen betrachtet und gemeinsam interpretiert werden. Sind die am Problemlöseprozess beteiligten Personen der Meinung, dass die DVB-Ergebnisse darauf hinweisen, dass sich das Verhalten mit Implementation der Fördermethode verbessert hat, könnte weiter mit der gleichen Methode gefördert werden. Falls das multiprofessionelle Team zu dem Schluss kommt, dass das Verhalten kein Problem mehr darstellt, wäre zu überlegen, ob die Förderung eingestellt werden kann. Weisen die DVB-Ergebnisse jedoch auf keinen wünschenswerten Fördererfolg hin, sollte im multiprofessionellen Team überlegt werden, ob es sich um die passende Förderung für den Schüler/die Schülerin handelt oder ob sie ggf. modifiziert werden müsste.

5.4 Anwendungsfeld IV: Eltern und Erziehungsberechtigte beraten

Eltern haben einen erheblichen Einfluss auf die Entwicklung ihrer Kinder. Sie können für den Aufbau einer sicheren Bindung sorgen und damit entscheidend beeinflussen, inwieweit ihre Kinder im Laufe ihres Lebens auch Beziehungen zu anderen Menschen aufbauen können (Zimmermann/Spangler 2008). Sie stellen wichtige (Verhaltens-)Modelle dar, die später eine Grundlage für die Lösung eigener Probleme und Konflikte sind (Edelmann/Wittmann 2012). Ihr Erziehungsstil beeinflusst, inwieweit Kinder den Umgang mit Regeln und Konsequenzen erlernen oder externalisierende bzw. internalisierende Probleme entwickeln (Braza 2015). Ferner regeln Eltern den Zugang zu variablen Risiko- und Schutzfaktoren (z. B. Zugang zu Peers, Umgang mit Medien, Freizeitaktivitäten), die wiederum direkt oder indirekt die emotional-soziale Entwicklung ihrer Kinder beeinflussen (Beelmann/Raabe 2007). Die Unterstützung des elterlichen (Erziehungs-) Verhaltens stellt somit eine wichtige Strategie in der Förderung des Verhaltens von Kindern und Jugendlichen in der Schule dar.

Ein wichtiger Ansatzpunkt hierzu ist die Elternberatung. Unter Elternberatung lässt sich in grober Anlehnung an Pikowski und Wild (2009) eine freiwillige Interaktion zwischen einer Lehrkraft und den Eltern verstehen, in der die Eltern in die Lage versetzt werden sollen, ein (schulisches) Problem der SchülerInnen selbst lösen zu können. Lehrkräfte sehen sich in der Praxis häufig mit einer Situation konfrontiert, in der sie einerseits wissen, dass die Eltern ein hohes Potenzial für die Verhaltensentwicklung ihrer SchülerInnen haben, der Zugang zu diesem Potenzial jedoch auf der anderen Seite an die Freiwilligkeit der Eltern zur Mitarbeit gebunden ist. In diesem Spannungsfeld ist es für Lehrkräfte besonders wichtig, einen Beratungszugang zu wählen, bei dem Eltern und SchülerInnen nicht nur als „Schuldige“, „TäterInnen“ oder „Probleme“ gesehen werden, sondern als sinnvoll und kompetent agierende Personen. Eltern werden sich in einer Beratungssituation nur offen und kooperativ zeigen, wenn sie sich im Beratungsprozess nicht unentwegt für ihr Handeln rechtfertigen zu müssen. Einen solchen Beratungszugang stellt die systemische Beratung dar. Im Folgenden sollen daher kurz die Grundzüge der systemischen Beratung skizziert werden. Auf dieser Grundlage wollen wir dann in einem zweiten Schritt das Potenzial von DVB für die systemische Beratung beschreiben.

Theoretische Grundlagen und Modelle

Systemische Beratung

Systemische Beratung basiert auf der grundlegenden Überzeugung, dass Menschen in verschiedene Beziehungen zu anderen Personen und Institutionen (Systeme) eingebunden sind, die wiederum das Verhalten dieser Menschen (sehr unterschiedlich und manchmal auch gegensätzlich) beeinflussen. Um das Potenzial erkennen zu können, dass DVB für die systemisch orientierte Elternberatung hat, müssen wir erst einige Grundannahmen der systemischen Beratung erklären.

Grundannahme 1: Verhalten findet immer in einem Kontext statt

Nach Palmowski (2011) muss jedes (problematische) Verhalten immer in dem Kontext betrachtet werden, in dem es auftritt. Um diese Aussage verstehen zu können, stelle man sich das Kind vor, dessen Verhalten in der Vergangenheit die größte Herausforderung dargestellt hat, also ein Kind mit erheblichen Beeinträchtigungen in der emotional-sozialen Entwicklung.

Viele LeserInnen werden sich nun vielleicht eine/n SchülerIn vorstellen, dass in schulischen Situationen aggressiv oder gewalttätig agiert hat. Nun stelle man sich die gleiche Schülerin/den gleichen Schüler auf einem leeren Fußballplatz ohne Anwesenheit anderer Personen und ohne Anforderungen von außen vor. Wie würde sich dieses Kind verhalten? Den meisten LeserInnen dürfte es schwerfallen sich vorzustellen, dass Kinder in einer solchen Umgebung aggressiv oder gewalttätig agieren. Wenn wir also (wie in diesem Gedankenexperiment) den Kontext von einem Menschen subtrahieren, verschwinden problematische Verhaltensweisen meist von allein. Erst wenn wir den Kontext (gedanklich) wieder erweitern, entstehen problematische Verhaltensweisen.

Entscheidend für die systemische Beratung ist nicht die Frage, ob ein Kind aggressiv, ängstlich oder unmotiviert ist, sondern in welchem Kontext das Verhalten auftritt.

Grundannahme 2: Verhalten ist in Regelkreisen organisiert

Aus dem Blickwinkel der systemischen Beratung ist ein Verhalten niemals nur eine „Aktion“, sondern immer auch gleichzeitig eine „Reaktion“ auf vorherige Ereignisse. Aus dieser Sichtweise heraus lässt sich ein aggressives oder gewalttätiges Verhalten nicht mehr als intentional gegen eine andere Person gerichtetes Verhalten interpretieren, sondern mehr als ein Rad in einem Uhrwerk, dessen Drehrichtung von anderen Rädern mitbestimmt wird. Stellen wir uns beispielsweise vor, dass Sams Vater nur selten zuhause ist, weil er beruflich sehr stark eingebunden ist. Vielleicht leidet sogar die Beziehung der Eltern unter dem Berufsalltag des Vaters, so dass sich die Eltern vermehrt streiten. Stellen wir uns weiter vor, dass Sams Vater in Phasen, in denen es mit Sam besonders schwierig ist, in der Familie präsenter ist, um seine Frau zu unterstützen. Das problematische Verhalten in der Schule führt auf diese Weise zwar einerseits zu mehr (schulischem) Stress für Sam, führt aber andererseits auch zu einer Verbesserung der Beziehung zwischen den Eltern. Es gibt sicherlich nicht wenige Eltern, die aus Sorge um das eigene Kind wieder zusammen an einem Strang ziehen. Beruhigt sich die schulische Situation andererseits wieder, entfernt sich Sams Vater möglicherweise wieder zunehmend aus dem Familienleben, was wiederum zu einer Verschlechterung der Elternbeziehung führt. Aus einem systemischen Blickwinkel bezeichnet man ein solches Wirkgefüge als Regelkreis, der meist in einem stabilen Gleichgewicht (Homöostase) bleibt (Palmowski 2011). Sams Verhalten im Unterricht ist vor diesem Hintergrund eine „Stellschraube", die einerseits Nähe und Distanz der Eltern und andererseits den schulischen Stress für Sam in einem Gleichgewicht hält.

Grundannahme 3: Jedes Verhalten ist subjektiv sinnvoll

Aus der Annahme, dass Verhalten immer nur in Kontexten und Regelkreisen verstehbar ist, ergibt sich eine dritte Grundannahme, die insbesondere für die Pädagogik und Förderung bei Beeinträchtigungen der emotional-sozialen Entwicklung von zentraler Bedeutung ist: Jedes Verhalten – also auch aggressive und gewalttätige, vermeidende oder scheinbar überzogen ängstliche Verhaltensweisen – sind subjektiv sinnvoll. Dem vermeintlich objektiven Betrachter entzieht sich dieser Sinn, wenn er weder Kontext noch Regelkreise kennt. So ist Sams Verhalten zwar aus Sicht der Lehrkraft nur wenig sinnvoll, da die Lehrkraft selbst nur die negativen (schulischen) Konsequenzen sieht. Wechselt man aber den Blickwinkel und bezieht die zuvor beschriebene Abhängigkeit zwischen Elternbeziehung und Schulproblemen mit in die eigenen Überlegungen ein, hat Sam mit seinem störenden Verhalten in der Schule ein aus seiner Sicht wirksames Mittel zur Sicherung der Elternbeziehung gefunden. Da für eine/n SchülerIn ein sicheres und behütetes Familienleben wahrscheinlich wichtiger ist als die eigene Schulleistung, erscheint Sams Verhalten auf einmal durch die Erweiterung des Kontextes subjektiv sinnvoll.

Funktionen, Rolle und Potenziale der DVB

Die vorangegangenen Überlegungen zeigen, dass ein systemischer Blickwinkel die Handlungsoptionen für Lehrkräfte schlagartig erweitern kann. Der Schlüssel zu diesen erweiterten Handlungsoptionen liegt im Kontext. Wenn wir wissen, unter welchen Bedingungen (Kontext) und unter welchen Gesetzmäßigkeiten (Regelkreise) ein problematisches Verhalten auftritt, haben wir die Chance, die Systembedingungen schrittweise so zu verändern, dass ein anderes (erwünschtes) Verhalten für eine/n SchülerIn sinnvoll wird. Mit Blick auf Sam könnte es

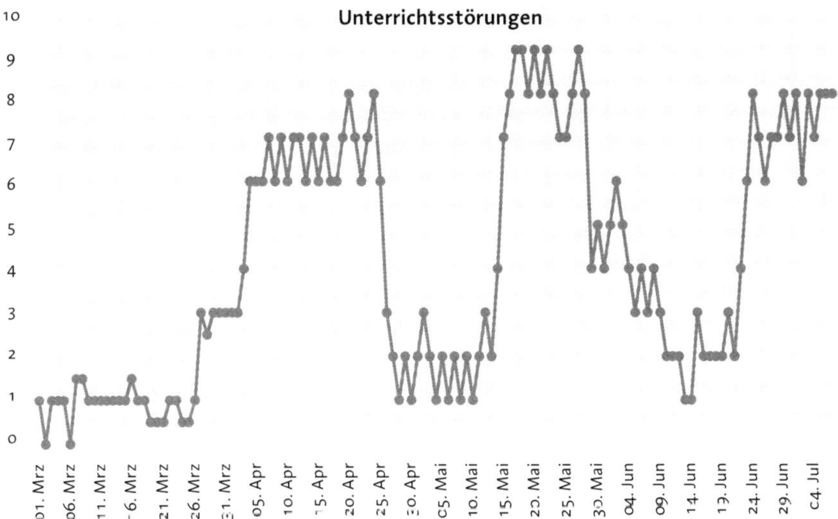

Abb. 16: Die Entwicklung von Sams Unterrichtsstörungen zwischen März und Juli

z. B. sinnvoll sein, die Beziehung der Eltern auch unabhängig von Schulproblemen zu stabilisieren. Die entscheidende Frage für die systemische Beratung ist dabei immer, wie beratende Personen Informationen über den Kontext und das Wirkungsgefüge eines vermeintlichen Problems erhalten können. Klassischerweise greift man hierfür auf verschiedene systemische-lösungsorientierte Fragetechniken (z. B. Skalierungsfragen, zirkuläre Fragen, Reframing), Aufstellungstechniken (z. B. Systembrett, systemische Aufstellungen) oder Beziehungsanalysen (z. B. Genogramme oder Soziogramme) zurück.

Die DVB kann das Spektrum der systemischen Beratung jedoch erweitern. Stellen wir uns beispielhaft vor, Abbildung 16 stellt die Entwicklung von Sams Unterrichtsstörungen zwischen März und Juli dar.

Mit Blick auf diesen Entwicklungsverlauf lassen sich viele Techniken der systemischen Beratung auf DVB-Verlaufskurven übertragen, wie z. B. das Durchbrechen der Problemtrance, die Kontextualisierung, die Skalierungsfrage und die Kovariation von Methoden.

Problemtrance durchbrechen: „Was fällt Ihnen auf, wenn Sie auf die Entwicklung des Problems sehen?"

Bei vielen Lehrkräften, Eltern und SchülerInnen herrscht in Beratungssituationen eine lähmende „Problemtrance" vor. Darunter versteht man in der systemischen Beratung einen Zustand, in der die Ratsuchenden davon überzeugt sind, dass ein Problem gleichbleibend und nicht beeinflussbar ist. Bei den meisten Verhaltensproblemen sind jedoch im DVB-Verlauf z. T. erhebliche Schwankungen im Verhalten zu erkennen, was wiederum auf eine grundsätzliche Beeinflussbarkeit und Veränderbarkeit des Problems hindeutet. In der (systemischen) Elternberatung können wir also DVB-Verlaufskurven einsetzen, um die Problemtrance zu reduzieren und bei allen Beteiligten den Glauben und die Zuversicht an eine Beeinflussbarkeit und damit auch an eine Verbesserung der Situation zu erhöhen. Dies ist z. B. durch folgende Beispielfragen möglich:

BEISPIEL

„Ich höre heraus, dass Sie wenig Hoffnung haben, dass sich die Situation mit **Sam** nochmal verbessern lässt. Was fällt Ihnen auf, wenn Sie auf die Entwicklungskurve hier schauen?“

„Sie sagen, dass das Problem in der letzten Zeit immer schlimmer geworden ist. Schauen Sie mal auf die Entwicklung der Unterrichtsstörungen von Sam. Was fällt Ihnen auf?“

Den ratsuchenden Personen soll durch die Betrachtung des Verlaufs deutlich werden, dass das Problem (zumindest aus Sicht der BeurteilerInnen) Schwankungen unterliegt und somit auch veränderbar ist. In dieser Phase einer DVB-gestützten Elternberatung soll den ratsuchenden Eltern zudem deutlich werden, dass es jetzt darum geht, Ursachen für die Schwankungen und somit Lösungen für das Problem zu finden. Um hier gute Ansatzpunkte zu finden, ist die Kontextualisierung der Schwankungen (Schritt 7, Kap. 4) eine geeignete Methode.

Kontextualisierungsfragen: „Was ist damals passiert, als ...“

Wie bereits in Kapitel 4 dargestellt, ist die Kontextualisierung des DVB-Verlaufs eine wichtige Methode der Interpretation von DVB-Daten. In der systemischen Beratung wird diese Kontextualisierung oft über Veränderungsfragen (z. B.: „Was war damals anders?“) nur sehr grob und wenig konkret erhoben. Auf der Grundlage von DVB-Verlaufskurven werden Fragen nach dem Kontext hingegen konkreter und für Ratsuchende oft besser nachvollziehbar. So könnte man z. B. mit Blick auf Sams Eltern verschiedene Fragen zu einem möglichen DVB-Verlauf in Abbildung 16 stellen.

BEISPIEL

„Was ist damals Ende März passiert, bevor die Unterrichtsstörungen von **Sam** wieder zunahmen?“

„Was ist damals Ende April passiert, bevor die Unterrichtsstörungen von Sam wieder abnahmen?“

„Was war im März in Ihrer Familie (in Ihrem Beruf, in Ihrer Beziehung) anders als im April?“

„Was war im April und Anfang Juni gleich?“

„Wie könnten Sie es als Familie schaffen, die Unterrichtsstörungen ab August wieder so absteigen zu lassen wie Ende April und Mitte Juni?“

Wahlweise lassen sich alle Fragen als dyadische Fragen (z. B. „Was würde Ihre Frau / Ihr Mann sagen, was im April anders war?“) oder sogar triadische Fragen (z. B. „Was würde Ihre Frau / Ihr Mann sagen, wie Sam die Unterrichtsstörungen Ende April und Ende Juni erklären würde?“) stellen.

Skalierungsfragen: „Was könnten wir tun, damit die Kurve …“

Skalierungsfragen sind in der systemischen Beratung in erster Linie Fragen, die einen abstrakten Zustand (z. B. Motivation, Zufriedenheit, Ängstlichkeit) quantifizieren sollen. Hierzu werden in der Regel Skalen von 0 (z. B. keine Angst) bis 10 (die höchst vorstellbare Angst) eingesetzt. Nutzen wir DVB in der systemischen Elternberatung, sind solche Symptome bereits quantifiziert. Für den Beratungsverlauf lässt sich diese Ausgangssituation nutzen, um mit den ratsuchenden Familien kleine und überschaubare Schritte planen zu können und gleichzeitig den Klienten vor Überforderung zu schützen.

Betrachten wir dabei das Ende der Kurve in Abbildung 17. Hier wurden Sams Unterrichtsstörungen im Durchschnitt mit einer Acht bewertet. Diese Ausgangslage könnte ein Ansatzpunkt für verschieden Skalierungsfragen in Sams Familie sein:

BEISPIEL

„Wenn wir uns in der nächsten Woche wieder treffen: was könnten wir tun, um **Sams Unterrichtsstörungen** von einer Acht auf eine Sieben zu verbessern?“

„Wenn wir uns in der nächsten Woche wieder treffen: wie könnten wir es schaffen, Sams Unterrichtsstörungen von einer Acht auf eine Neun (oder eine Zehn) zu verstärken?“

„Welche Möglichkeiten hätten Sie (Mutter oder Vater), Sam dabei zu unterstützen, die Bewertung bei unserem nächsten Treffen von einer Acht auf eine Sieben zu verbessern?“

„Was glaubst Du (Sam), wie könnte Deine Mutter (Dein Vater) Dich unterstützen, damit Du Dich bei unserem nächsten Treffen von einer Acht auf eine Sieben verbesserst?“

„Was glauben Sie (Mutter), wie könnte Ihr Mann Sam dabei unterstützen, damit er sich bei unserem nächsten Treffen von einer Acht auf eine Sieben verbessert?“

Kovariation: „Wie würden Sie parallel Ihre ...einschätzen?“

Bei der Kovariation handelt es sich um eine Methode, durch die DVB-Verlaufsdaten mit einer anderen Kontextvariable kontrastiert werden können. Ähnlich wie bei der Skalierungsfrage wird dabei ein quantifizierbarer Wert für eine abstrakte Variable erhoben. In der hier vorgeschlagenen Variante wird diese Skalierung jedoch nicht nur einmalig für einen Zeitpunkt (oder Zeitraum) erhoben, sondern parallel zur DVB-Verlaufskurve (hochfrequent) für jeden Tag (oder jede Woche) des Zeitraums. So wäre es zum Beispiel denkbar, dass Sie im Verlaufe der Elternberatung die Hypothese aufstellen, dass ein Problem mit der beruflichen Belastung eines Elternteils oder der Anzahl der Auseinandersetzungen zwischen den Eltern (ko-)variiert. In solchen Fällen könnten Sie die Eltern bitten, Ihre Einschätzung hinsichtlich dieses Kontextfaktors für jeden Tag (oder jede Woche) des DVB-Zeitraums einzuschätzen. Die Methode gelingt dabei nur, wenn Sie sich die erforderliche Zeit und Ruhe nehmen, um von den ratsuchenden Familienmitgliedern möglichst realistische Einschätzungen zu erhalten. Oft ist es zudem sinnvoll, von den einzelnen Personen getrennte Einschätzungen zu erbitten, die dann gemeinsam besprochen werden. Abbildung 17 enthält ein Beispiel für eine Kovariation der DVB-Daten und den Einschätzungen der Beziehungsqualität zwischen den Eltern aus der Sicht der Mutter, des Vaters und von Sam.

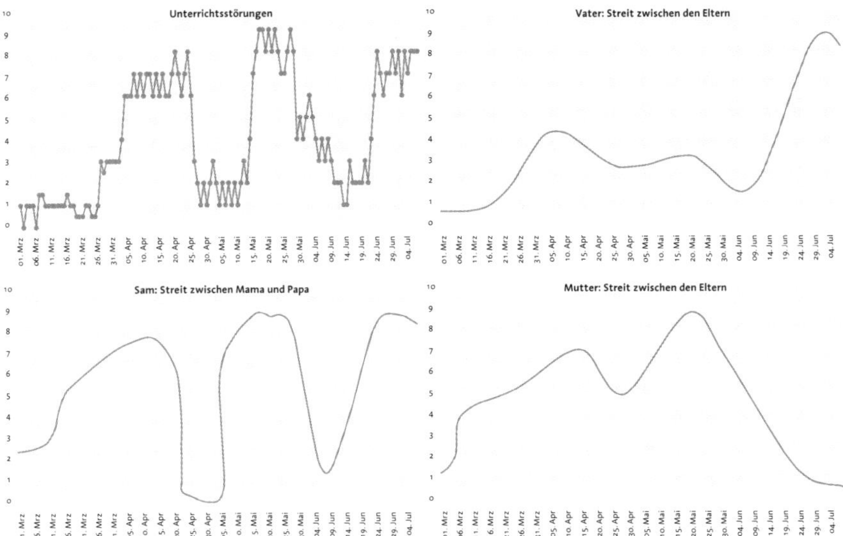

Abb. 17: Beispiel für eine Kovariation der DVB-Daten und Einschätzungen der Beziehungsqualität aus Sicht der Mutter, des Vaters und von Sam

Aus der Abbildung wird deutlich, dass die Elternurteile zwar kaum Übereinstimmungen mit den DVB-Daten erkennen lassen, Sams Kurve aber durchaus Parallelen zwischen der durch ihn wahrgenommenen Harmonie zuhause und den Unterrichtsstörungen aufweist. Da die subjektive Sinnhaftigkeit eines Verhaltens in der systemischen Elternberatung entscheidend für die Ableitungen von Erklärungen und Interventionen ist, liefert Sams Kurve einen guten Ausgangspunkt, um eine Förderhypothese mit den Eltern zu diskutieren.

6 Fazit

In dem vorliegenden Buch wurde eine praxisorientierte Einführung in die Verhaltensverlaufsdiagnostik mit der DVB gegeben. Der Anspruch des Buches war, die diagnostische Methode systematisiert und wissenschaftlich fundiert darzustellen und eine praktische Anwendung zu ermöglichen.

Die in diesem Buch genannten Prinzipien, Empfehlungen und Beispiele sind gute Ansatzpunkte, um eine Verhaltensverlaufsdiagnostik für die SchülerInnen umzusetzen. Sie sind allerdings auch Denkanstöße und Ideen. Da die Verhaltensverlaufsdiagnostik sehr flexibel für verschiedenste Kontexte genutzt werden kann, ist es immer wichtig, die Methode auf den Einzelfall anzupassen. Die DVB soll die Verhaltensentwicklung von SchülerInnen erfassen und dafür genutzt werden, die Passung einer Fördermethode zu diesen SchülerInnen zu untersuchen. Daher sollte immer im Einzelfall und bedarfsorientiert entschieden werden, wie eine DVB aussieht, in welchen Situationen sie eingesetzt wird, wer sie umsetzt usw. Wir hoffen, dass die Inhalte in diesem Buch bei diesem adaptiven Prozess unterstützen können!

Literatur

Alresheed, F., Hott, B.L., Bano, C. (2013): Single Subject Research: A Synthesis of Analytic Methods. Journal of Special Education Apprenticeship 2(1), 1–18

Beelmann, A., Raabe, T. (2007): Dissoziales Verhalten von Kindern und Jugendlichen: Erscheinungsformen, Entwicklung, Prävention und Intervention. (Bd. 10). Hogrefe, Göttingen

Bergan, J.R., Kratochwill, T.R. (1990): Behavioral Consultation and Therapy. Plenum Press, New York

Björn, P.M., Aro, M., Koponen, T., Fuchs, L.S., Fuchs, D. (2016): The Many Faces of Special Education within RTI Frameworks in the United States and Finland. Learning Disability Quarterly 39(1), 58–66

Blumenthal, Y., Mahlau, K. (2015): Effektiv fördern – Wie wähle ich aus? Ein Plädoyer für die Evidenzbasierte Praxis in der schulischen Sonderpädagogik. Zeitschrift für Heilpädagogik 66(9), 408–421

Braza, P., Carreras, R., Muñoz, J., Braza, F., Azurmendi, A., Pascual-Sagastizábal, E., Cardas, J., Sánchez-Martín, J.R. (2015): Negative Maternal and Paternal Parenting Styles as Predictors of Children's Behavioral Problems: Moderating Effects of the Child's Sex. Journal of Child & Family Studies 24(4), 847–856

Briesch, A.M., Chafouleas, S.M., Riley-Tillman, T.C. (2016): Direct Behavior Rating: Linking Assessment, Communication, and Intervention. Guilford Press, New York

Briesch, A.M., Chafouleas, S.M., Riley-Tillman, T.C. (2010): Generalizability and Dependability of Behavior Assessment Methods to Estimate Academic Engagement: A Comparison of Systematic Direct Observation and Direct Behavior Rating. School Psychology Review 39(3), 408–421

Bromme, R., Prenzel, M. & Jäger, M. (2016): Empirische Bildungsforschung und evidenzbasierte Bildungspolitik. Zeitschrift für Erziehungswissenschaft 19(1), 129–146

Bromme, R., Prenzel, M., Jäger, M. (2014): Empirische Bildungsforschung und evidenzbasierte Bildungspolitik. Eine Analyse von Anforderungen an die Darstellung, Interpretation und Rezeption empirischer Befunde. Zeitschrift für Erziehungswissenschaft 17(4), 3–54

Brophy, J.E. (1983): Research on the Self-Fulfilling Prophecy and Teacher Expectations. Journal of Educational Psychology 75(5), 631–661

Brossart, D.F., Parker, R.I., Olson, E.A., Mahadevan, L. (2006): The Relationship between Visual Analysis and Five Statistical Analyses in a Simple AB Single-Case Research Design. Behavior Modification 30(5), 531–563

Bühner, M. (2011): Einführung in die Test- und Fragebogenkonstruktion. Pearson Studium, München

Casale, G. (2017): „Nützt es was oder nützt es nichts?" – Direct Behavior Rating (DBR) als diagnostische Methode zur zeitnahen Überprüfung des Fördererfolgs bei unterrichtlichem Schülerinnen- und Schülerverhalten. In: www.uni-potsdam.de/fileadmin01/projects/inklusion/PDFs/ZEIF-Blog/Casale_2017_Direct_Behavior_Rating.pdf, 25.03.2019

Casale, G., Hennemann, T., Grosche, M. (2015): Zum Beitrag der Verlaufsdiagnostik für eine evidenzbasierte sonderpädagogische Praxis am Beispiel des Förderschwerpunkts der emotionalen und sozialen Entwicklung. Zeitschrift für Heilpädagogik 66(7), 325–334

Casale, G., Hennemann, T., Huber, C., Grosche, M. (2015): Testgütekriterien der Verlaufsdiagnostik von Schülerverhalten im Förderschwerpunkt Emotionale und soziale Entwicklung. Heilpädagogische Forschung 41(1), 37–54

Casale, G., Hennemann, T., Volpe, R.J., Briesch, A.M., Grosche, M. (2015): Generalisierbarkeit und Zuverlässigkeit von Direkten Verhaltensbeurteilungen des Lern- und Arbeitsverhaltens in einer inklusiven Grundschulklasse. Empirische Sonderpädagogik 7(3), 258–268

Casale, G., Volpe, R.J., Briesch, A.M., Hennemann, T., Grosche, M. (2019): Dependability of Direct Behavior Rating Single- and Multi-Item Scales across Raters and Days in Two School Subjects. Assessment for Effective Intervention (online first), 1–12

Chafouleas, S.M. (2011): Direct Behavior Rating: A Review of the Issues and Research in Its Development. Education & Treatment of Children 34(4), 575–591

Chafouleas, S.M., Briesch, A.M., Riley-Tillman, T.C., Christ, T.J., Black, A.C., Kilgus, S.P. (2010): An Investigation of the Generalizability and Dependability of Direct Behavior Rating Single Item Scales (DBR-SIS) to Measure Academic Engagement and Disruptive Behavior of Middle School Students. Journal of School Psychology 48(3), 219–246

Chafouleas, S.M., Kilgus, S.P., Hernandez, P. (2009): Using Direct Behavior Rating (DBR) to Screen for School Social Risk: A Preliminary Comparison of Methods in a Kindergarten Sample. Assessment for Effective Intervention 34(4), 214–223. In: https://doi.org/10.1177/1534508409333547, 18.04.2019

Chafouleas, S.M., Riley-Tillman, T.C., McDougal, J.L. (2002): Good, Bad, or In-between: How does the Daily Behavior Report Card Rate? Psychology in the Schools, 39(2), 157–169. In: https://doi.org/10.1002/pits.10027, 18.04.2019

Christ, T.J., Riley-Tillman, T.C., Chafouleas, S.M. (2009): Foundation for the Development and Use of Direct Behavior Rating (DBR) to Assess and Evaluate Student Behavior. Assessment for Effective Intervention 34 (4), 201–213. In: https://doi.org/10.1177/1534508409340390, 18.04.2019

Cone, J.D. (1998): Psychometric Considerations: Concepts, Contents, and Methods. In: Bellack, A.S., Hersen, M. (Hrsg.): Behavioral Assessment: A Practical Handbook. Allyn & Bacon, Needham Heights, 22–46

Cone, J.D. (1977): The Relevance of Reliability and Validity for Behavioral Assessment. Behavior Therapy 8 (3), 411–426. In: https://doi.org/10.1016/S0005-7894(77)80077-4, 18.04.2019

Cook, B.G., Buysse, V., Klingner, J., Landrum, T.J., McWilliam, R.A., Tankersley, M., Test, D.W. (2015): CEC's Standards for Classifying the Evidence Base of Practices in Special Education. Remedial and Special Education 36(4), 220–234

Cooper, J.T., Gage, N.A., Alter, P.J., LaPolla, S., MacSuga-Gage, A.S., Scott, T.M. (2018): Educators' Self-reported Training, Use, and Perceived Effectiveness of Evidence-based Classroom Management Practices. Preventing School Failure 62(1), 13–24

Costello, E.J., Copeland, W., Angold, A. (2011): Trends in Psychopathology across the Adolescent Years: What Changes When Children Become Adolescents, and When Adolescents Become Adults? Journal of Child Psychology and Psychiatry 52(10), 1015–1025

Council for Exceptional Children (2014): Standards for Evidence-based Practices in Special Education. Teaching Exceptional Children 46(6), 206–212

de Boer, A., Pijl, S.J., Minnaert, A. (2011): Regular Primary Schoolteachers' Attitudes towards Inclusive Education: A Review of the Literature. International Journal of Inclusive Education 15(3), 331–353

Deno, S. L. (2005): Problem-solving assessment. In: Brown-Chidsey, R., Andren, K. J. (Hrsg.): Assessment for Intervention: A Problem-solving Approach. 2. Aufl. Guilford Press, New York, 10–36

Diouani-Streek, M. (2014): Pädagogischer Handlungstyp Beratung. In: Ellinger, S., Diouani-Streek, M. (Hrsg.): Beratungskonzepte in sonderpädagogischen Handlungsfeldern. Athena, Oberhausen, 15–32

Dodge, K. A., Pettit, G. S. (2003): A Biopsychosocial Model of the Development of Chronic Conduct Problems in Adolescence. Developmental Psychology 39(2), 349–371

Döpfner, M., Frölich, J., Lehmkuhl, G. (2013): Aufmerksamkeitsdefizit-/Hyperaktivitätsstörung (ADHS). Hogrefe, Göttingen

Döring, N., Bortz, J., Pöschl, S. (2016): Forschungsmethoden und Evaluation in den Sozial- und Humanwissenschaften. Springer, Berlin

Edelmann, W., Wittmann, S. (2012): Lernpsychologie. Beltz Psychologie Verlags Union, Weinheim

Eklund, K., Dowdy, E. (2014): Screening for Behavioral and Emotional Risk Versus Traditional School Identification Methods. School Mental Health 6(1), 40–49

Fend, H. (2008): Neue Theorie der Schule. 2. Aufl. VS Verlag für Sozialwissenschaften, Wiesbaden

Fox, J., Conroy, M. (1995): Setting Events and Behavioral Disorders of Children and Youth: An Interbehavioral Field Analysis. Journal of Emotional & Behavioral Disorders, 3(3), 130

Frölich, J., Döpfner, M., Banaschewski, T. (2015): ADHS in Schule und Unterricht: Pädagogisch-didaktische Ansätze im Rahmen des multimodalen Behandlungskonzepts. Kohlhammer, Stuttgart

Glover, T. A., Albers, C. A. (2007): Considerations for Evaluating Universal Screening Assessments. Journal of School Psychology, 45(2), 117–135

Goodman, R. (1997): The Strengths and Difficulties Questionnaire: A Research Note. Journal of Child Psychology & Psychiatry & Allied Disciplines, 38(5), 581–586

Gräsel, C., Decristan, J., König, J. (2017): Adaptiver Umgang mit Heterogenität im Unterricht. Unterrichtswissenschaft, 45(4), 195–206

Gresham, F. M. (2005): Response to Intervention: An Alternative Means of Identifying Students as Emotionally Disturbed. Education & Treatment of Children, 28(4), 328–344

Grosche, M. (2017a): Eine Analyse der Funktion von quantitativen Daten für evidenzbasierte Entscheidungen zur Ermöglichung der Zusammenarbeit von quantitativen und nicht-quantitativen Forschungszugängen. Sonderpädagogische Förderung heute 62(4), 360–371

Grosche, M. (2017b): Brücken bauen, statt einreißen! Introspektion der quantitativ-empirischen Sonderpädagogik zur Ermöglichung einer inter- und transdiskursiven Zusammenarbeit. In: Laubenstein, D., Scheer, D. (Hrsg.): Sonderpädagogik zwischen Wirksamkeitsforschung und Gesellschaftskritik. Klinkhardt, Bad Heilbrunn, 41–61

Grosche, M. (2015): Was ist Inklusion? Ein Diskussions- und Positionsartikel zur Definition von Inklusion aus Sicht der empirischen Bildungsforschung. In: Kuhl, P., Stanat, P., Lütje-Klose, B., Gresch, C., Pant, H. A., Prenzel, M. (Hrsg.): Inklusion von Schülerinnen und Schülern mit sonderpädagogischem Förderbedarf in Schulleistungserhebungen: Grundlagen und Befunde. Verlag für Sozialwissenschaften, Wiesbaden, 17–39

Grosche, M. (2014): Fördermaßnahmen im Prozess überprüfen. In: Bohl, T., Feindt, A., Lütje-Klose, B., Trautmann, M., Wischer, B. (Hrsg.): Fördern. Friedrich, Velber, 113–115

Grosche, M., Volpe, R. J. (2013): Response-to-intervention (RTI) as a Model to Facilitate Inclusion for Students with Learning and Behaviour Problems. European Journal of Special Needs Education 28(3), 254–269

Hartke, B., Vrban, R. (2014): Schwierige Schüler: 49 Handlungsmöglichkeiten bei Verhaltensauffälligkeiten (1. bis 4. Klasse). 2. Aufl. Persen, Hamburg

Havey, J.M., Olson, J.M., McCormick, C., Cates, G.L. (2005): Teachers' Perceptions of the Incidence and Management of Attention-Deficit Hyperactivity Disorder. Applied Neuropsychology 12(2), 120–127. In: https://doi.org/10.1207/s15324826an1202_7, 02.05.2019

Hayling, C.C., Cook, C., Gresham, F.M., State, T., Kern, L. (2008): An Analysis of the Status and Stability of the Behaviors of Students with Emotional and Behavioral Difficulties. Journal of Behavioral Education, 17(1), 24–42

Heimlich, U., Lutz, S., Wilfert de Icaza, K. (2015): Ratgeber Förderplanung. Individuelle Lernförderung im Förderschwerpunkt Lernen. 2. Aufl. Persen, Hamburg

Hennemann, T., Casale, G. (2015): Förderschwerpunkt Emotionale und soziale Entwicklung. In: Hedderich, I., Biewer, G., Hollenweger, J., Markowetz, R. (Hrsg.): Handbuch Inklusion und Sonderpädagogik. Klinhardt, Bad Heilbrunn, 208–212

Hennig, T., Schramm, S.A., Linderkamp, F. (2017): Einschätzung des Arbeits- und Sozialverhaltens durch Lehrkräfte – eine Validierungsstudie. Empirische Sonderpädagogik, 9(1), 52–65

Heward, W.L. (2003): Ten Faulty Notions about Teaching and Learning that Hinder the Effectiveness of Special Education. Journal of Special Education 36(4), 186–205

Hillenbrand, C. (2015): Evidenzbasierung sonderpädagogischer Praxis: Widerspruch oder Gelingensbedingung? Zeitschrift für Heilpädagogik 66(7), 312–324

Hölling, H., Schlack, R., Petermann, F., Ravens-Sieberer, U., Mauz, E. (2014): Psychische Auffälligkeiten und psychosoziale Beeinträchtigungen bei Kindern und Jugendlichen im Alter von 3 bis 17 Jahren in Deutschland – Prävalenz und zeitliche Trends zu 2 Erhebungszeitpunkten (2003–2006 und 2009–2012). Bundesgesundheitsblatt – Gesundheitsforschung – Gesundheitsschutz 57(7), 807–819

Hövel, D. (2016): Lehrmaterialien „Sonderpädagogische Diagnostik und unterrichtliche Förderung". Universität zu Köln: unveröffentlichtes Manuskript

Hoyt, W.T., Kerns, M.-D. (1999): Magnitude and Moderators of Bias in Observer Ratings: A Meta-analysis. Psychological Methods 4 (4), 403–424. In: https://doi.org/10.1037/1082-989X.4.4.403, 18.04.2019

Huber, C. (2009): Gemeinsam einsam? Empirische Befunde und praxisrelevante Ableitungen zur sozialen Integration von Schülern mit Sonderpädagogischem Förderbedarf im Gemeinsamen Unterricht. Zeitschrift Für Heilpädagogik 60(7), 242–248

Huber, C., Casale, G. (2015): Gemeinsam Schülerverhalten fördern. Wie multiprofessionelle Teamarbeit im Umgang mit problematischem Verhalten hilft. Praxis fördern – Zeitschrift für individuelle Förderung und Inklusion 6, 26–30

Huber, C., Grosche, M. (2012): Das response-to-intervention-Modell als Grundlage für einen inklusiven Paradigmenwechsel in der Sonderpädagogik. Zeitschrift für Heilpädagogik 63(8), 312–322

Huber, C., Rietz, C. (2015): Direct Behavior Rating (DBR) als Methode zur Verhaltensverlaufsdiagnostik in der Schule: Ein systematisches Review von Methodenstudien. Empirische Sonderpädagogik 7 (2), 75–98

Huitema, B.E., McKean, J.W. (2000): Design Specification Issues in Time-Series Intervention Models. Educational & Psychological Measurement 60(1), 38–58. In: https://doi.org/10.1177/00131640021970358, 18.04.2019

Ingenkamp, K., Lissmann, U. (2008): Lehrbuch der Pädagogischen Diagnostik. 6. Aufl. Beltz, Weinheim

Jain, A., Spieß, R. (2012): Versuchspläne der experimentellen Einzelfallforschung. Empirische Sonderpädagogik 4(3–4), 211–245

Jussim, L., Harber, K. D. (2005): Teacher Expectations and Self-Fulfilling Prophecies: Knowns and Unknowns, Resolved and Unresolved Controversies. Personality & Social Psychology Review (Lawrence Erlbaum Associates) 9(2), 131–155

Klasen, F., Petermann, F., Meyrose, A.-K., Barkmann, C., Otto, C., Haller, A.-C., Schlack, R., Schulte-Markwort, M., Ravens-Sieberer, U. (2016): Verlauf psychischer Auffälligkeiten von Kindern und Jugendlichen. Ergebnisse der BELLA-Kohortenstudie. Kindheit Und Entwicklung 25(1), 10–20. In: https://doi.org/10.1026/0942-5403/a000184, 18.04.2019

Klauer, K. J. (2014): Formative Leistungsdiagnostik: Historischer Hintergrund und Weiterentwicklung zur Lernverlaufsdiagnostik. In: Hasselhorn, M., Schneider, W., Trautwein, U. (Hrsg.): Lernverlaufsdiagnostik. Hogrefe, Göttingen, 1–17

Klauer, K. J. (2011): Lernverlaufsdiagnostik – Konzept, Schwierigkeiten und Möglichkeiten. Empirische Sonderpädagogik 3(3), 207–224

Klauer, K. J. (2006): Erfassung des Lernfortschritts durch curriculumbasierte Messung. Heilpädagogische Forschung 32 (1), 16–26

Krull, J., Wilbert, J., Hennemann, T. (2014): The Social and Emotional Situation of First Graders with Classroom Behavior Problems and Classroom Learning Difficulties in Inclusive Classes. Learning Disabilities: A Contemporary Journal 12(2), 169–190

Leutner, D., Kröner, S. (2018): Pädagogisch-psychologische Diagnostik. In: Rost, D. H., Buch, S., Sparfeldt, J. R. (Hrsg.): Handwörterbuch Pädagogische Psychologie. 5. Aufl. Beltz, Weinheim, 609–619

Ma, Hsen-Hsing (2006): An Alternative Method for Quantitative Synthesis of Single-Subject Researches: Percentage of Data Points Exceeding the Median. Behavior Modification 30(5), 598–617

Makarova, E., Herzog, W., Schönbächler, M.-T. (2014): Wahrnehmung und Interpretation von Unterrichtsstörungen aus Schülerperspektive sowie aus Sicht der Lehrpersonen. Psychologie in Erziehung und Unterricht, 61 (2), 127–140

Melzer, C. (2010): Wie können Förderpläne effektiv sein und eine professionelle Förderung unterstützen? Zeitschrift für Heilpädagogik 61(6), 212–220

Melzer, C., Mutzeck, W. (2007): Trends in der Förderplanung. In: Mutzeck, W. (Hrsg.): Förderplanung. Grundlagen, Methoden, Alternativen. Beltz, Weinheim, 240–249

Mietzel, G. (2007): Pädagogische Psychologie des Lernens und Lehrens. 8. Aufl. Hogrefe, Göttingen

Miller, F. G., Cohen, D., Chafouleas, S. M., Riley-Tillman, T. C., Welsh, M. E., Fabiano, G. A. (2015): A Comparison of Measures to Screen for Social, Emotional, and Behavioral Risk. School Psychology Quarterly 30(2), 184–196. In: https://doi.org/10.1037/spq0000085, 18.04.2019

Moore, T. C., Wehby, J. H., Oliver, R. M., Chow, J. C., Gordon, J. R., Mahany, L. A. (2017): Teachers' Reported Knowledge and Implementation of Research-Based Classroom and Behavior Management Strategies. Remedial and Special Education, 38(4), 222–232

Moser Opitz, E. (2014): Inklusive Didaktik im Spannungsfeld von gemeinsamen Lernen und effektiver Förderung. Ein Forschungsüberblick und eine Analyse von didaktischen Konzeptionen für inklusiven Unterricht. Jahrbuch für allgemeine Didaktik 4(3), 52–68

Müller, C. M., Begert, T., Hofmann, V., Studer, F. (2013): Effekte der Klassenzusammensetzung auf individuelles schulisches Problemverhalten. Welche Rolle spielt das Verhalten der Gesamtklasse, der „Coolen“, der „Extremen“ und der persönlichen Freunde? Zeitschrift für Pädagogik 59(5), 722–742

Mutzeck, W., Fingerle, M., Hartmann, B. (2017): Screening für Verhaltensauffälligkeiten im Schulbereich (SVS). In: Popp, K., Melzer, C., Methner, A.: Förderpläne entwickeln und umsetzen. 3. Aufl. Ernst Reinhardt, München / Basel

Myschker, N., Stein, R. (2014): Verhaltensstörungen bei Kindern und Jugendlichen: Erscheinungsformen, Ursachen, Hilfreiche Maßnahmen. Kohlhammer, Stuttgart

Narciss, S. (2011): Verhaltensanalyse und Verhaltensmodifikation auf der Basis lernpsychologischer Erkenntnisse. In: Wittchen, H.U., Hoyer, J. (Hrsg.): Klinische Psychologie & Psychotherapie. Springer, Berlin, 419 – 433

Nelson, J.R., Johnson, A., Marchand-Martella, N. (1996): Effects of Direct Instruction, Cooperative Learning, and Independent Learning Practices on the Classroom Behavior of Students with Behavioral Disorders: A Comparative Analysis. Journal of Emotional and Behavioral Disorders 4(1), 53 – 62

Palmowski, W. (2011): Systemische Beratung. Kohlhammer, Stuttgart

Parker, R.I., Vannest, K.J., Davis, J.L. (2011): Effect Size in Single-case Research: A Review of Nine Nonoverlap Techniques. Behavior Modification 35(4), 303 – 322

Petermann, U., Petermann, F. (2013): Lehrereinschätzliste für Sozial- und Lernverhalten (LSL). 2. Aufl. Hogrefe, Göttingen

Pikowsky, B., Wild, E. (2009): Pädagogisch-psychologische Beratung. In: Wild, E., Möller, J. (Hrsg.): Pädagogische Psychologie. Springer, Heidelberg, 429 – 455

Pinquart, M. (2017): Associations of Parenting Dimensions and Styles with Externalizing Problems of Children and Adolescents: An Updated Meta-analysis. Developmental Psychology 53(5), 873 – 932

Popp, K., Melzer, C., Methner, A. (2017): Förderpläne entwickeln und umsetzen. 3. Aufl. Ernst Reinhardt, München / Basel

Prengel, A. (2014): Inklusive Bildung: Grundlagen, Praxis, offene Fragen. In: Häcker, T., Walm, M. (Hrsg.): Inklusion in Schule und Lehrer_innenbildung. Klinkhardt, Bad Heilbrunn, 27 – 46

Schad, G. (2015): Evidenzbasierte Erziehung? Zeitschrift für Heilpädagogik 66(7), 335 – 344

Scherzinger, M., Wettstein, A., Wyler, S. (2017): Unterrichtsstörungen aus der Sicht von Schülerinnen und Schülern und ihren Lehrpersonen Ergebnisse einer Interviewstudie zum subjektiven Erleben von Störungen. Vierteljahresschrift für Heilpädagogik und ihre Nachbargebiete 86(1), 70 – 83

Schlee, J. (2004): Lösungsversuche als Problem – Zur Vergeblichkeit der so genannten Förderdiagnostik. In: Mutzeck, W., Jogschies, P. (Hrsg.): Neue Entwicklungen in der Förderdiagnostik: Grundlagen und praktische Umsetzungen. Beltz, Weinheim, 23 – 38

Schmidt-Atzert, L., Amelang, M. (2012): Psychologische Diagnostik. 5. Aufl. Springer, Heidelberg

Schönbächler, M.-T., Herzog, W., Makarova, E. (2011): „Schwierige" Schulklassen: Eine Analyse des Zusammenhangs von Klassenzusammensetzung und wahrgenommenen Unterrichtsstörungen. Unterrichtswissenschaft 39(4), 310 – 327

Spinath, F.M., Becker, N. (2011): Verhaltensbeobachtung. Enzyklopädie der Psychologie. Themenbereich B, Methodologie und Methoden. Serie II. Psychologische Diagnostik 2, 325 – 369

Stark, R. (2017): Probleme evidenzbasierter bzw. -orientierter pädagogischer Praxis. Zeitschrift für Pädagogische Psychologie 31(2), 99 – 110

Stemmler, G., Margraf-Stiksrud, J. (2015): Lehrbuch Psychologische Diagnostik. Huber, Bern

Thomas, D.R., Becker, W.C., Armstrong, M. (1968): Production and Elimination of Disruptive Classroom Behavior by Systematically Varying Teacher's Behavior. Journal of Applied Behavior Analysis 1(1), 35 – 45. In: https://doi.org/10.1901/jaba.1968.1 – 35, 18.04.2019

Tomasello, M. (2010). Warum wir kooperieren. Suhrkamp, Berlin

Tomasello, M. (2002): Die kulturelle Entwicklung des menschlichen Denkens: Zur Evolution der Kognition. Suhrkamp, Berlin

Volpe, R.J., Briesch, A.M. (2016): Dependability of Two Scaling Approaches to Direct Behavior Rating Multi-item Scales Assessing Disruptive Classroom Behavior. School Psychology Review 45(1), 39–52

Volpe, R.J., Briesch, A.M. (2012): Generalizability and Dependability of Single-Item and Multiple-Item Direct Behavior Rating Scales for Engagement and Disruptive Behavior. School Psychology Review 41(3), 246–261

Volpe, R.J., Fabiano, G.A. (2013): Daily Behavior Report Cards: An Evidence-Based System of Assessment and Intervention. Guilford Press, New York

von Salisch, M., Kraft, U. (2010): Störungen der Emotionsregulation im Kindergartenalter und ihre Folgen. In: Kißgen, R., Heinen, N. (Hrsg.): Frühe Risiken und Frühe Hilfen. Grundlagen, Diagnostik, Prävention. Klett-Cotta, Stuttgart, 84–104

Walter, J. (2009): Theorie und Praxis Curriculumbasierten Messens (CBM) in Unterricht und Förderung. Zeitschrift für Heilpädagogik 60(5), 162–170

Wilbert, J. (2014): Instrumente zur Lernverlaufsmessung: Gütekriterien und Auswertungsherausforderungen. In: Hasselhorn, M., Schneider, W., Trautwein, U. (Hrsg.): Lernverlaufsdiagnostik. Hogrefe, Göttingen, 281–308

Wilbert, J., Lüke, T. (2016): Single-Case Data Analyses for Single and Multiple AB Designs (scan) (Version 0.26) [R]. In: www.uni-potsdam.de/de/inklusion/forschungsmethodenund-diagnostik/wilbert/projekte/single-case-data-analysis-with-r.html, 24.05.2019

Wocken, H. (2014): Frei herumlaufende Irrtümer. Eine Warnung vor pseudoinklusiven Betörungen. Gemeinsam Leben 22(1), 52–62

Wolery, M., Busick, M., Reichow, R., Barton, E.E. (2008): Quantitative Synthesis of Single Subject Research. Paper Presented at the Conference on Research Innovations in Early Intervention. CA, San Diego

Zimmermann, P., Spangler, G. (2008): Bindung, Bindungsdesorganisation und Bindungsstörungen in der frühen Kindheit: Entwicklungsbedingungen, Prävention und Intervention. Entwicklungspsychologie 6, 689–704

Sachregister